新媒体内容生产与运营研究

聂　辉◎著

时代文艺出版社
SHIDAI WENYI CHUBANSHE

图书在版编目（CIP）数据

新媒体内容生产与运营研究 / 聂辉著. -- 长春 : 时代文艺出版社, 2024.4
ISBN 978-7-5387-7487-0

Ⅰ. ①新… Ⅱ. ①聂… Ⅲ. ①传播媒介－运营管理－研究 Ⅳ. ①G206.2

中国国家版本馆CIP数据核字(2024)第055585号

新媒体内容生产与运营研究
XINMEITI NEIRONG SHENGCHAN YU YUNYING YANJIU
聂辉　著

出 品 人：吴　刚
责任编辑：苟士纯
装帧设计：文　树
排版制作：隋淑凤

出版发行：时代文艺出版社
地　　址：长春市福祉大路5788号　龙腾国际大厦A座15层　(130118)
电　　话：0431-81629751（总编办）　0431-81629758（发行部）
官方微博：weibo.com/tlapress
开　　本：710mm×1000mm　1/16
字　　数：221千字
印　　张：15.25
印　　刷：廊坊市广阳区九洲印刷厂
版　　次：2024年4月第1版
印　　次：2024年4月第1次印刷
定　　价：76.00元

图书如有印装错误　请寄回印厂调换　（电话：0316-2910469）

前　　言

新媒体技术的快速发展打破了既有的传播秩序与格局，以往基于大众传播的传播学理论已明显不适用于研究新的传播现象。既有理论和研究范式受到了很大冲击，但随着新研究的注入也焕发出新的活力、解释力和生命力。经过多年的发展，基于互联网的新媒体从形式到内容，从功能到技术都发生了深刻的变化。在移动互联网时代，新媒体不断演化，关于新媒体的知识也需要不断地更新和发展。本书从交叉学科的角度来理解新媒体传播和内容生产，紧跟互联网内容与形态的创新实践。本书可作为本科生和研究生的学习参考书，适合专业人士参考阅读，也可满足一般读者深入了解互联网新媒体的需求。

目　录

第四章　新媒体传播参与者：从受众到网众

第五章　新媒体内容生产管理

第六章　大数据与新媒体的内容运营

第七章　新媒体融合战略与管理

第八章　新媒体经营战略与生命周期管理

第一章　新媒体概述

第一节　新媒体概念及其演进

伴随着网络技术、数字技术和移动通信技术的迅猛发展，以网络媒体、数字电视媒体和移动通信媒体为代表的新媒体，已经渗透到社会生活的方方面面，给社会带来了巨大的变化与深刻的影响。新媒体发展越迅速，它在人们日常生活中占据的地位就越重要，从工作方式到生活习惯，从思维方式到行为准则，甚至交友、购物，无不打上了新媒体的烙印。

一、新媒体概念

关于“新媒体”概念的提出，一般有两种观点。一种观点认为，该概念由美国哥伦比亚广播公司（CBS）技术研究所所长 P·戈尔德马克提出，他在 1967 年发表了一份“关于开发电子录像商品的计划”，首次提出“新媒体”的概念，并将电子录像称为“新媒体”。1969 年，美国传播政策特别委员主席 E·罗斯托在向美国总统尼克松提交的报告书中，也多次使用“新媒体”概念。此后“新媒体”一词便在美国和欧洲被广泛使用，并传播到世界各地。另一种观点则认为，“新媒体”概念至少可追溯到 20 世纪 50 年代。1959 年，马歇尔·麦克卢汉在美国芝加哥全美高等教育学会举办的一次会议上，发表了题为《电子革命：新媒体的革命影响》的演讲，第一次提出“新媒体”的概念。

（一）新媒体的定义

什么是新媒体，如何定义新媒体？对此，国内学界与业界一直各执一词，有的从技术的层面定义新媒体，有的从传播的层面界定新媒体，有的从内涵方面揭示新媒体，有的从外延方面表述新媒体，等等。科学而准确的概念是进行研究的必要前提，只有在准确把握概念的基础上，思想才能澄澈，思维才能深刻。

新媒体是指采用网络技术、数字技术、移动通信技术进行信息传递与接收的信息交流平台，包括固定终端与移动终端。它具备以下基本特征：以新技术为载体，以互动性为核心，以平台化为特色，以人性化为导向。一般来说，新媒体有狭义与广义之分，狭义新媒体仅指区别于传统媒体的新型传媒，主要包括被称为第四媒体的互联网（以电脑为终端的计算机信息网络）和第五媒体的移动网络（以手机等移动通信工具为终端，基于移动通信技术的移动互联网服务以及电信网络增值服务等传播媒介形式），这两种新媒体，又可被统称为网络媒体。广义的新媒体则包括大量的新兴媒体，指依托于互联网、移动通信、数字技术等新电子信息技术而兴起的媒介形式，既包括网络媒体，也包括传统媒体运用新技术以及和新媒体融合而产生或发展出来的新媒体形式，例如电子书、电子纸、数字报、IPTV 等。这里说得很清楚，狭义的新媒体是以互联网技术为内核，以电脑、手机等设备为终端，并通过与终端相适应或匹配的方式来进行传播，它以网络媒体为代表。而广义的新媒体则是基于网络技术、数字技术和移动通信技术，通过互联网、无线通信网、卫星等渠道，向电脑、手机、电视机以及各类数字化电子屏等终端传播信息的媒体形态，包括网络媒体、数字电视、IPTV、车载电视、楼宇电视和手机媒体等。本书所说的新媒体即指广义的新媒体。

以新技术为载体，是指新媒体的应用与运营以新技术为基础。网络技术、数字技术、移动通信技术的发明与普及，不仅为新媒体的诞生提供了技术支持，同时也为新媒体的运作提供了信息载体，使得信息能以超时空、多媒体、高保真的形式传播出去。可以说，新媒体的所有特征，都是建立在新技术提供的技术可能性的基础之上。

双向互动是新媒体的本质特征。传统媒体一个很大的弊端，在于信息的单向流动。新媒体的出现突破了这一局限，它从根本上改变了信息传播的模式，也从根本上改变了传播者与接受者之间的关系。传播参与者在一个相对平等的地位进行信息交流，媒体以往的告知功能变成了如今的沟通功能。这种沟通不仅体现在媒体与用户之间，还体现在用户与用户之间。可以说，新媒体的这一特征，不仅对于传统媒体，而且对于整个社会都将产生深远的影响。

新媒体搭建起一个信息交流平台，传统媒体与新媒体在这个平台之上逐渐走向融合。新媒体的出现并不会导致传统媒体的消亡，二者会相互补充、共同发展。新媒体以其包容性的技术优势，接纳与汇聚了传统媒体的媒介属性。报刊、广播、电视等传统媒体只有在适应新媒体环境，与新媒体的新技术形式相互渗透之后，才能获得二次发展，如今数字化报纸、网络广播、手机电视等融合性媒体如雨后春笋般出现便是明证。新媒体脱胎于旧的媒介形态的特征，为新旧媒体的相互融合提供了可能。

人性化是所有媒介的发展方向：口语媒介转瞬即逝、不易储存，于是有了文字媒介；文字媒介无法大规模复制，于是出现了印刷媒介；印刷媒介难以克服时空的障碍，电子媒介便应运而生。可以说，每一种新型媒介的出现，必然是对以前媒介功能的补充与完善。新技术是其出现的基础，而人性化导向意味着技术围绕人们的需求而展开。新媒体的出现，满足了人们渴望发声、渴望分享的需求；满足了人们渴望交流、渴望互动的需求；满足了人们渴望以一个更快速、更便捷的方式获取与传播更多的个性化信息的需求。而在不远的将来，新媒体将带来真正的去中介化——人们在经历了部落社会的无中介、脱部落社会的中介化之后，正在迎来人与人之间交流的去中介化。届时，人们将欢欣鼓舞地迎接一个所有人与其他人都紧密相连的“地球村”时代。

（二）围绕新媒体的讨论

对新媒体概念的讨论，大致可分为技术、传播、实务与调和四个派别。其中技术派侧重于从技术的角度去定义新媒体，强调技术进步在新媒体发展过程中的作用；传播派着重强调新媒体的传播特征，以及它对于传统的传播模式的影响与改变；实务派多从实际运用的角度分析，其新媒体概念浅显直白、通俗易懂；调和派则调和上述三个类别之间的差异，融合它们各自的特点，以概括的手法笼统地提出一个尽可能全面的新媒体概念。

1. 技术派的观点

技术派认为，新媒体的内涵是在世界科学技术发生巨大进步的背景下，在社会信息传播领域出现的建立在数字技术基础上的能使传播信息大大扩展、传播速度大大加快、传播方式大大丰富、与传统媒体迥然相异的新型媒体，其外延包括数字广播电视、手机短信、互联网络等。这一派的观点强调了科学技术在新媒体发展过程中的作用，指出了由于新技术的引入所带来的传播活动的整体变化。同时，它从外延与内涵两个角度去界定新媒体，避免了内涵定义的抽象与外延定义的宽泛。

它的缺点在于由于时代的局限性所带来的片面性，主要体现在：首先，当今新媒体已然运用了数字技术、网络技术和移动通信技术等多种技术手段，而不仅仅是它所提到的数字技术；其次，新媒体带来了传播活动方方面面的变革，特别是互动性与个性化，而不仅仅是传播信息、传播速度与传播方式方面的变化；最后，随着技术的进步与时代的发展，新媒体衍生出了许多新的形式，不只是它的外延定义中提到的那几类，而且数字广播电视、手机短信只能说是当时一种新出现的媒体，不是严格意义上的新媒体。

2. 传播派的观点

传播派认为，要从数字化、碎片化、话语权共享、全民出版四个方面解读新媒体。新媒体意味着技术的进步、传播语境的改变、传统话语权的解构和内容生产方式的转变。这一派观点指出了新媒体传播领域的变化，上述四个方面对新媒体的解读，基本概括了新媒体的本质。同时，它也考虑到了传播技术和传播语境因素对于新媒体的影响，而二者的进步与改变正是新媒体产生与发展的主要驱动力。

但这不能算严格意义上的新媒体概念，只能算是对新媒体概念的描述与解读。尽管它比较全面地介绍了新媒体的主要特点，但没能以凝练的语言提出一个明确的新媒体定义。此外，它找到了新媒体同传播技术与传播语境的相关性，却没能发现它们之间的因果性，而正是后者的变革引发了前者的变革。

3. 实务派的观点

实务派以《连线》杂志为代表，将新媒体定义为由所有人向所有人进行的传播。这一观点很好地概括了新媒体的核心特征，简短而明确。在传统媒体时代，传播活动呈现出两极化趋势：一种是我们只能被动地接收媒体传递的信息，而无法将自身的意见及时反馈给媒体；另一种是由于话语权掌握在传统媒体手中，一般大众由于无法接触到稀缺的传播资源而很难将自己的声音与观点传播出去。新媒体的出现打破了传统媒体对传播资源的垄断，使得人人都有了麦克风，人们都可以利用手中的新媒体，对传统媒体以及其他所有人传播信息。反馈也变得及时而高效，避免了由于传播的迟滞带来的一系列问题。

但这派观点也存在一些问题。首先，这种观点缺乏定义的严谨性。媒体是人们进行信息传播活动的工具、载体、中介或技术手段，是一种实体的存在。而《连线》的观点将新媒体视为一种“传播”，最终将由于定义的随意性而沦为空泛之谈。其次，缺乏定义的全面性。对一个事物进行概念定义，应在准确把握事物实质的基础上对其主要特征进行全面概括。双向互动、自主传播是新媒体的核心特征，但不是全部特征，在定义新媒体时还要将它的技术特征、平台特征考虑在内。

4. 调和派的观点

持调和派观点的学者认为，新媒体是一个相对的概念，新相对于旧而言；新媒体是一个时间的概念，在一定的时间段内有代表这个时间段的新媒体形态；新媒体是一个发展的概念，它永远不会终结在某个固定的媒体形态上。这个定义几乎将人类历史上出现过的媒介都囊括在内，上文提到的界定新媒体概念发展阶段的三种媒体也都与这个定义相吻合。它从时间维度去界定新媒体，解释新媒体，赋予新媒体概念与时俱进的特点。

凡事都有两面性，这种单维的概念界定也存在缺陷。首先，它从宏观的层面去把握新媒体的概念，指出了新媒体概念随着时间的推移而不断演进的特征，但未能指出新媒体的本质特征。其次，它概括了所有已经出现和将要出现的新媒体，但面面俱到并不是面面俱全，广度的代价是深度与精度的缺失。最后，定义需要逻辑的严谨性，是一种“什么是什么”的表述，后者必须能够高度概括前者的特征。而采用这种宽泛的概念来定义新媒体，可能造成新媒体概念的浅化。

二、新媒体概念的演变

早在20世纪50年代，加拿大传播学大师马歇尔·麦克卢汉就曾发表过题为《电子革命：新媒体的革命影响》的演讲，不过他所说的“新媒体”是以时间维度为衡量标准，主要指的是他所处时代的“新媒体”，例如电报、照片和广播。而在国内，最早提出新媒体概念的时间可以追溯至1986年。目前可以查到的最早的一篇关于新媒体的文章是由方晓虹翻译，并发表在《外语电化教学》上的日本学者冈村二朗的《视听教育在新媒体时代的地位》。在冈村二郎的这篇文章中，广播、有线电视、录像和小型计算机被看作新媒体。新媒体概念的演进，经历了以互联网为代表的网络媒体、以博客为代表的自媒体、以手机为代表的移动新媒体三个阶段。

（一）互联网：从资源有限到资源无限

互联网的出现，突破了传统的报刊、广播与电视媒体在媒介资源上的局限性，使得海量的信息资源突破时空的限制传递到受众面前。同时，互联网信息内容的多媒体属性，使得信息的形式更为丰富，受众更易于接受。而且，由于调动了受众的多种感官，因而较之报刊、广播、电视等传统媒体，受众的参与性更强。

联合国教科文组织提出过一个简洁的新媒体定义：新媒体就是网络媒体。后来在 1998 年联合国新闻委员会年会上，联合国秘书长安南提出了“第四媒体”概念，他呼吁在加强传统的文字和声像传播手段的同时，应利用最先进的第四媒体因特网，以加强新闻传播工作。我们将这种定义视为新媒体概念沿革第一阶段。在此之前提出的新媒体概念，是新旧之“新”，是一种修辞学上的表述，因而不能被看成一种严谨的概念。例如麦克卢汉提出的新媒体概念，有人认为卡拉 OK、电脑光盘杂志、电子传单、挂历等都是新媒体。

（二）博客：从组织生产到用户生产

从 1998 年的德拉古报道率先挖掘出克林顿与莱温斯基的性丑闻开始，博客开始崭露头角，到 2003 年的伊拉克战争时则充分显示了自身的自媒体特性。博客滥觞于 1993 年，到 1999 年定名为 Blogger。它打破了大众传媒对于媒介内容的垄断，使得用户可以自行生成内容，而不再完全依赖媒介组织生产的内容。同时，大众化的信息传播被个性化的信息传播取代，用户在使用这一媒体的过程中获得了更多的自主性与能动性。此外，博客使得用户可以方便地与传统媒体以及其他用户进行互动，传统的单向传播模式被打破。可以说，正是博客的出现，实现了由 Web1.0 向 Web2.0 的转变，使传统的“人机对话”模式向“人人对话”模式转变。

熊澄宇和廖毅文在2003年提出，所谓新传媒，或称数字媒体、网络媒体，是建立在计算机信息处理技术和互联网基础之上，发挥传播功能的媒介总和。它除具有报纸、电视、电台等传统媒体的功能外，还具有交互、即时、延展和融合的新特征。在这里提到的新媒体指的便是博客。从这个定义开始，新媒体概念沿革迎来以博客为代表的第二个阶段。这一阶段的新媒体概念开始强调新媒体的自主性、互动性与个性化特征。网络媒体只是将传统媒体的内容照搬到了互联网上，而以博客为代表的新媒体真正实现了媒体形式的变革。

（三）手机：从时空固定到无处不在、无时不有

在手机媒体出现以前，用户只能在固定的时间与地点接入互联网，进行信息的传递与接收，传播活动被限制在了固定的Pe终端。手机媒体将人们从这一桎梏中解放出来，它使得传播活动的参与者不再局限于狭小的时间、空间范围，传播活动变得无处不在、无时不有。同时，作为信息的接收与发布平台，手机整合了报刊、广播、电视、互联网等媒体的传播特点与传播属性，通过多种媒体表现手段传播信息，是真正意义上的全媒体。此外，手机媒体具有其他所有媒体望尘莫及的便捷性与交互性，随身携带与使用便利的特点，使得媒体用户可以“永远在线，随时互联”。

早在2003年，熊澄宇便指出新媒体不仅是互联网，手机已开始从个人通信工具向媒体终端过渡。冯光华也提出过类似的观点。但在那个时代背景下，他们所说的手机新媒体，主要是指手机短信，而手机短信虽然改变了传统的信息接收方式，但由于媒体表现形式过于单一（文本和图片）而不能被看作严格意义上的新媒体。相较而言，廖祥忠的观点更准确，他指出“新媒体”是“以数字媒体为核心的新媒体”，通过数字化交互性的固定或移动的多媒体终端向用户提供信息和服务的传播形态。至此，新媒体的概念沿革进入第三个阶段——以手机为代表的移动新媒体。

长期以来，人们对于新媒体的概念缺乏一个统一的认识，原因是技术的进步带来了媒介形态的不断变化，进而带来媒介概念的变迁。同时，新媒体研究是一个新兴领域，以往在传统媒体基础上发展起来的传播理论与媒介理论不再完全适用，需要根据媒介形态的变化做出相应的调整。但是，我们必须认识到技术因素在新媒体概念变革中的作用。随着网络技术、数字技术、移动通信技术的发展，尼古拉斯·尼葛洛庞帝提出的“个人报纸”与“互动的新媒体”等概念已然成为现实。而媒介技术的发展并不会就此停滞，它将继续向前，将我们的社会推向远方。新媒体确实是一个时间的概念，它存在于过去，也存在于现在和未来。未来的新媒体会呈现出一幅怎样的景象？莱文森在其“媒介进化理论”中给我们提供了某些指示：媒介将朝着更加人性化、更加完善化的方向发展。新媒体仍在发展，朝着更高的阶段进化。

第二节　新媒体的基本特征

关于新媒体的基本特征，有海量信息、超时空、全球化、分众化、个性化、多媒体性、交互性、即时性、综合性、开放性、平台性、低成本、检索便捷、虚拟性、延展性和融合性等各种各样的说法，它们都从不同的侧面揭示了新媒体的特性。与报刊、广播和电视等传统媒体相比，新媒体的基本特征主要表现为海量性、交互性、即时性和多媒体性。

一、海量性

在传统媒体时代，报刊的版面无论有多少、广播和电视的时长无论有多长，它们的信息贮存与容量都是有限的。到了新媒体时代，这种状况才得到根本性的改变。新媒体借助网络传播技术、数字技术和移动通信技术，通过国际互联网向全球用户提供海量信息。这些海量信息不仅数量众多、内容丰富，甚至包罗万象、无所不有，而且它们不受时间、数量和传播途径的限制，可以随时在互联网上进行传播与流动，这在之前的任何一种传统媒体上都无法实现。这些海量信息，既来自对人类既有知识的积淀与总结，又来自全球新媒体用户在互联网上的创造；这些新媒体用户借助各种固定终端和移动终端，通过互联网实现对这些海量信息的共享，并由此带来其工作、生活的一切领域的改变。对此，中央电视台制作、播出的大型电视纪录片《互联网时代》有这样的表述："一家微博网站一天内发布的信息，就超越了《纽约时报》辛勤工作的60年；全球最大的视频网站，一天上传的影像，可以连续播放98年；如今两天积累的信息总和，就相当于人类历史留下的全部记忆。伴随着海量信息几乎无成本地全球流淌，伴随着人与人、人与物、物与物之间囊括一切的连接，人们有理由预见，财富、生活、交往、创造、观念，立体的又一轮激烈变革，就在眼前。"

二、交互性

交互性，是新媒体区别于传统媒体的最重要也最本质的特征。在传统媒体时代，媒体机构与受众之间的关系是不平等的，即媒体机构负责传播，受众被动接受；前者主动，后者被动；传播模式为从传者到受众的单向传播。这种状况在新媒体时代得到彻底改变：受众（姑且称为"受众"，实际上在新媒体时代是没有严格意义上的"受众"）由单一的受众身份变为多元的参众、网众和用户身份；受众角色由被动变为主动传播模式：由"从传者到受众"的单向传播变为"传者与受众"双向互动传播。具体地说，其一，受众的身份与角色彻底改变，从被动角色到主动角色。传统媒体时代的受众，在传播过程中处于弱势地位，其身份是被动的接受者，面对媒体机构的强势作为，往往敢怒而不敢言。新媒体使受众的身份发生改变——由受众到参众、网众和用户，无论是参众、网众，还是用户，都强调的是受众的主动介入、积极参与；受众身份的改变使其在新媒体使用过程中扮演的角色随之发生改变——由单一的被动接受者到多元的主动参与者，或者将二者融为一体，既是信息的接受者，又是信息的传播者。其二，彻底改变了传者与受众之间的不平等地位。过去的时代，媒体机构作为传播者，由其传播主导地位决定传播哪些内容，选择何种传播方式，一般是不顾及或者完全忽视受众的需要与感受的，往往居高临下，进行信息的编辑与传播；受众由于接收信息的渠道有限和自身的弱势地位，不得不选择沉默或者被动接受。而在新媒体时代，参众、网众和用户的地位空前提升，他们不再是被动接受者，而选择积极参与、主动介入，在与后者的博弈中彻底改变了之前的不平等地位。其三，彻底改变了“由传者到受众”的单向传播模式，变为“传者与受众之间双向互动式”的传播模式。在新媒体传播过程中，传者与受者之间的角色常常发生变化：在一次传播活动中，受者 A 可能是被动的接受者，是受者身份，但当他将这则信息转发出去，他就变成主动传播者 A，具有了传者身份；在这种不断地接收再转发、转发再接收的过程中，传者、受者的身份也随之不断地发生改变。因此可以说，交互性是新媒体最本质的特征。

三、即时性

传统的报刊、广播、电视在新闻报道上是讲求时效性的，但是受技术和生产流程的制约与影响，新闻从采编到刊载出来之间总会有一个时间过程。报纸媒体今天采写的新闻，最快也要明天才能见报，期刊媒体的时间周期更长；广播、电视媒体今天上午采编的新闻，至少要到今天中午或者下午才能播出（当然，现场直播除外）新媒体不仅追求实效性，更把这种实效性推向极致——讲求传播的即时性。一方面，网络技术、数字技术、移动通信技术为人们应用QQ、MSN、博客、播客、微博、微信等新媒体形式消除了技术障碍，使人们可以借助这些新媒体形态进行即时传播、即时交流，诸如在线交流思想的点滴体会、行动的些微收获和片刻的心理变化等；另一方面，人们在现实生活中目击的新闻事件、拍摄的新闻图片、采写的现场短新闻等，则可以通过微博、微信等上传网络，成为新媒体的即时报道，并不断丰富新媒体的报道内容。因此，新媒体具有即时性的特征。正如陈力丹所说，新媒体对传播实效的不断追求，也使得人们的交往模式向即时在线转变。微博的简洁、手机的及时和便携，加上无线上网技术的成熟，使得人们可以随时随地进入网络获取信息并发布信息。但也正是因为网络的全方位覆盖，使得社会交往的速度越来越快，很多时候都要求人们及时甚至立刻做出回应。新媒体所带来的这种全天候信息传播方式，使得人们的零碎时间被最大限度地整合，新媒体不断渗入个人生活的方方面面，最大限度地侵袭着人们的时间，使社会交往时刻处于即时在线的紧迫感中。

四、多媒体性

报刊、广播、电视等传统媒体的表达形态比较单一：报刊是平面媒体，其表达形态以文字、图像为主；广播是声音媒体，其表达形态以声音为主；电视是声画媒体，其表达形态以声音、画面为主。新媒体运用数字技术，在媒体表达形态上突破传统的报刊、广播、电视的种种限制，将文字、图像、音频、视频和动画等多种媒体形态整合在一起传递信息，实现信息的多媒体传播或全媒体传播。当然，新媒体要实现多媒体传播，离不开超文本计算机技术。多媒体超文本是一种按信息之间关系非线性地存储、组织、管理和浏览信息的计算机技术。换言之，新媒体借助数字技术和超文本非线性信息组织方式，实现与传统的报刊、广播、电视等多种媒体形式的互相融合，从而呈现出新的媒体形态，既可以是“可看”的文字、图像，又可以是“可听”的音频，还可以是“可观”的视频、动画。

第三节　新媒体表现形态

新媒体在不同的历史发展时期，其表现形态是不相同的。Web 1.0 时代由网站雇员主导生成内容，网络用户主要通过浏览器在搜索引擎、门户网站上获取信息，是信息的消费者。Web2.0 时代由网络用户主导生成内容，他们由信息接受者变而为信息制造者和传播者，主要通过社交网络服务（SNS）、博客（HLOG）、简易信息聚合（RSS）、对等网络（P2P）、即时通信（IM）等进行信息的生产与传播，更强调建立以兴趣为聚合点的社群，并进行信息聚合，在开放的平台上与其他用户分享信息。“如果说 Web 1.0 是下载、浏览、搜寻，那么 Web 2.0 就是上传、分享与创建交互。”3G、4G 和移动互联网时代将移动通信和互联网结合在一起，它采用移动通信技术，通过智能移动终端，向人们提供信息和服务，进而搭建起便捷的社会交往平台和媒体融合平台，甚至人们生活和工作的平台。根据新媒体运用技术的不同，新媒体可分为网络媒体形态、数字媒体形态、移动通信媒体形态，同时，自媒体形态是新媒体区别于传统媒体的重要媒体形态，因而作为新媒体形态单独列出。

一、网络媒体形态

网络，即互联网，其全称是国际互联网。网络媒体是继报刊、广播和电视之后最早出现的新媒体形态，因而被称为“第四媒体”。关于网络媒体的定义有很多，如网络媒体是借助国际互联网这个信息传播平台，以电脑、电视机以及移动电话等为终端，以文字、声音、图像等形式来传播新闻信息的一种数字化、多媒体的传播媒介。网络媒体形态包括搜索引擎、门户网站、垂直网站、新闻网站、视频网站、社交网站等。

（一）搜索引擎

搜索引擎，是在互联网上专门为用户提供信息检索服务的网络系统。它是按照一定的计算机程序在网络上搜寻信息，并依据特定的规则对这些信息进行加工处理，然后向用户提供信息检索服务。世界上最早的搜索引擎出现在加拿大，加拿大麦吉尔大学的三位大学生 Alan Emtage、Pcter Dcutsch、Bill Whcclan 在 1990 年发明了 Archie 程序。“Archie 是一个可搜索的 FTP 文件名列表，用户必须输入精确的文件名，然后 Archie 会告诉用户哪一个 FTP 地址可以下载该文件。该程序是世界上第一个自动搜索互联网上匿名 FTP 网站文件的程序，其工作原理与现在的搜索引擎很接近。”由于是第一个搜索引擎系统，Archie 被称为现代搜索引擎鼻祖。目前国内外著名的搜索引擎有谷歌、百度、搜狗、360 搜索、雅虎搜索等。搜索引擎的类型主要有目录式搜索引擎、全文搜索引擎、元搜索引擎、垂直搜索引擎等。

1. 目录式搜索引擎

它的工作原理是依据人工目录，按类搜索信息。搜索引擎首先提供一份由人工按照类别编排的网站目录列表，再在网站目录下细分出具体内容的子目录，子目录资料库保存着各网站的站名、网址和内容提要等，网络用户则按照这类子目录搜索相关的信息，雅虎、搜狐即属此类。

2. 全文搜索引擎

与目录式搜索引擎不同，全文搜索引擎是全文扫描，建立索引，并按照索引查找。即借助计算机索引程序，对文章中的每个词进行扫描，确定其出现的次数与位置，并建立相应的索引；当用户搜索该文时，该检索程序就会依据先前建立的索引进行搜索，并将搜索结果反馈给用户。百度、谷歌即全文搜索引擎的代表。

3. 元搜索引擎

它的工作原理是一个用户界面，多个搜索引擎。即将用户的查找请求发送到多个搜索引擎之上进行信息检索，再用同一界面将搜索结果提供给用户。元搜索引擎没有自己的独立数据库，而是调用多个搜索引擎的搜索结果，以统一的格式在同一界面上集中显示。元搜索引擎由于处于多个搜索引擎之上，借助分布于网络的多种检索工具进行全局控制，所以又被称为"搜索引擎的搜索引擎"。国内著名的元搜索引擎有搜狐网、百度等等。

4. 垂直搜索引擎

它是针对某一特定行业的专业搜索引擎，是全文搜索引擎的细分和延伸，具有"专、精、深"的特点。它的工作原理是用网络蜘蛛在互联网上不断搜集页面，再"按照对象不同，对搜集到的网页所包含的信息进行区分，然后分门别类地将内容信息集成到对象信息库中。在网络抓取、对象分类和内容集成之后，垂直搜索引擎就可以利用这些结构化的对象信息为用户的特定需求提供全面、专业、有深度的服务"。

（二）门户网站

门户（Portal），原意为入口、正门，现在多指互联网上的门户网站和企业应用系统的门户系统。门户网站，由英文的"Portal Site"翻译而来，属于ICP（Internet Conetnt Provider，互联网内容提供者）的一种，指的是将互联网上浩繁多样的信息按照一定的规则进行整理、分类后提供给搜索引擎，以便用户能够快速找到所需信息的网站。门户网站最初提供的是搜索服务和目录服务，随着互联网的发展和竞争的加剧，门户网站也迅速拓展各种新的业务类型以吸引和留住互联网用户，从新闻信息、娱乐资讯到搜索引擎、电子邮箱、增值服务，门户网站的业务包罗万象、应有尽有，因而有"网络超市"、网络世界的"百货商场"之称。根据门户网站主要服务对象的地域特征，可以分为综合门户网站和地方门户网站。综合门户网站面向的是全国乃至全球范围内的互联网用户，以提供综合性的新闻信息、娱乐资讯为主，也提供搜索引擎、网络邮箱、在线游戏、移动增值等其他产品，拥有庞大的用户群体和较高的流量来源，影响力比较广泛。目前，综合门户网站明显存在着盈利模式比较单一、同质化竞争严重等问题。随着互联网个性化风潮的来临，综合门户网站还需要进一步在分析用户需求的基础上，不断创新产品和服务，打造个性化、独特性的品牌风格，才能建立利润屏障，获得行业竞争优势。地方门户网站指的是通向地方综合性互联网信息资源并提供信息服务的地方综合网站系统。它最基本的特征是有着强烈的地方属性，以服务于当地互联网用户为宗旨，主要为当地用户提供地方的新闻资讯、房产信息、招聘求职、商场促销、旅游招商、文化历史等特色信息。这些信息一般都是跟当地用户的生活息息相关的，具有针对性、实用性和互动性。该类网站包括综合门户网站以及与各地媒体合作成立的地方门户网站，如大楚网、大湖网、大粤网等，也有红网、芜湖民生网、武汉门户网等本土原生型网站。

国内外比较著名的综合性门户网站有雅虎、AOL、MSN、腾讯、新浪、网易和搜狐。

1. 雅虎

雅虎（Yahoo）是美国著名的互联网门户网站，也是一家全球性的因特网通信、商贸及媒体公司，由美籍华人杨致远和大卫·费罗于 1994 年 4 月在美国创立。Yahoo 的名称来源于乔纳森·斯威夫特的小说《格列佛游记》。在小说里，Yahoo 指一种粗俗、低级的人形动物，它具有人的种种恶习，无论外表，还是其行为举止都非常令人讨厌。杨致远和大卫·费罗“反其意而用之”，于是就有了“Yahoo”。1995 年 4 月，雅虎公司正式在华尔街上市，其服务包括搜索引擎、电子邮箱、新闻等，业务遍及全球 21 个国家和地区，是全世界网络流量最大的网站，也是最早的门户网站，为超过 5 亿的用户提供多元化的网络服务。后来的大部分门户网站都是参照它的模式建立和经营。

2. 腾讯

腾讯公司的全称为“腾讯控股有限公司”，是马化腾与大学同学张志东于 1998 年 11 月在广东省深圳市注册成立的，其主要任务是拓展无线网络寻呼业务，为寻呼台建立网上寻呼系统。腾讯公司以即时通信工具 QQ 为其产品核心，附带游戏平台 QQ 游戏、门户网站腾讯网、交易平台拍拍网等产品。其主要产品腾讯 QQ 在中国年轻人中有较大影响。其门户网站腾讯网为中国四大门户网站之一。腾讯公司一直秉承“一切以用户价值为依归”的经营理念，始终处于稳健、高速发展之中。2004 年 6 月 16 日，腾讯公司在香港联交所主板公开上市。腾讯成立十多年来，已发展成为中国服务用户最多的互联网企业，也是中国最大的互联网综合服务提供商。2013 年，腾讯品牌价值超越 Facebook（第 31 名），在“Brandz 全球最具价值品牌百强榜”排名第 21 名。2014 年 6 月 12 日，腾讯宣布与加多宝成为战略合作伙伴；6 月 27 日，腾讯入股 58 同城，获得 19.9% 的股份。到 2014 年 11 月，它已成为中国进入全球互联网公司十强的四家企业之一，其余三家互联网企业是阿里巴巴、百度和京东。

3. 新浪

新浪是一家服务于中国及全球华人社群的网络媒体公司，是中国四大门户网站之一，由四通利方公司和华渊资讯网于 1998 年 11 月 30 日合并而成。Sina 一词源于拉丁文 Sino。在拉丁语系中，Sino 是“中国”的意思，而在古印度语中，Cina 也是中国之意。这样，Sino 与英文 China 合并，即 Sina。Sina 的中文名称“新浪”是由其首任总裁王志东所起，这个域名很好地表达了新浪网希望成为中华区最大门户网站的决心。新浪的公司口号是“一切由你开始”。它通过门户网站新浪网、移动门户手机新浪网和社交网络新浪微博组成的数字媒体网络，帮助广大用户通过互联网和移动设备获得专业媒体和用户自生成的多媒体内容（UGC），并与友人进行兴趣分享。

2000 年 4 月，新浪在纳斯达克股票市场正式挂牌交易。2012 年 11 月，新浪微博注册用户突破 4 亿。2013 年 4 月 28 日，新浪微博迎来最大战略投资者阿里巴巴，双方签署战略合作协议，阿里巴巴将斥资 5.86 亿美元购入新浪微博发行的优先股和普通股，占新浪公司全稀释摊薄后总股份的 18% 左右。2014 年 3 月，新浪微博正式更名为微博。2014 年 4 月微博在纳斯达克证券交易所上市。

4. 网易

网易公司的全称是“广州网易计算机系统有限公司”，是中国四大门户网站之一。由丁磊于 1997 年 6 月在广东省广州市创立，正式推出全中文搜索引擎服务。2000 年 6 月，网易公司在纳斯达克证券交易所上市。网易是中国领先的互联网技术公司，利用最先进的互联网技术，加强人与人之间信息的交流和共享，实现“网聚人的力量”的公司口号和目标。在开发互联网应用、服务及其他技术方面，网易始终保持业界的领先地位，并在中国互联网行业内率先推出了包括中文全文检索、全中文大容量免费邮箱系统、无限容量免费网络相册、免费电子贺卡站、网上虚拟社区、网上拍卖平台、24 小时客户服务中心在内的业内领先产品或服务，还通过自主研发推出了一款率先取得白金地位的国产网络游戏。网易公司推出了门户网站、在线游戏、电子邮箱、在线教育、电子商务、在线音乐、网易 BoBo 等多种服务。

5. 搜狐

搜狐公司是中国四大门户网站之一，是中国领先的新媒体、通信及移动增值服务公司，是中文领域最强劲的互联网品牌，由留美博士张朝阳创办。1996 年 8 月，从美国麻省理工学院毕业回到中国的张朝阳博士，利用风险投资创建了“爱特信信息技术有限公司”。1998 年 2 月，爱特信正式推出搜狐网，中国首家大型分类查询搜索引擎横空出世，“出门靠地图，上网找搜狐”成为当年的时尚流行语。2000 年 7 月，搜狐在纳斯达克证券交易所上市。目前搜狐已发展成为富有影响力与公信力的新闻中心、联动娱乐市场，跨界经营的娱乐中心、深受体育迷欢迎的体育中心、引领潮流的时尚文化中心。同时，搜狐以雄厚的实力，着重突出四大专业频道——汽车、房产、财经和 IT，全方位多维度打造实力媒体平台。

（三）垂直网站

垂直网站，也被称为专业化网站，是指针对某一特定领域、群体或某些特殊需求而提供与之相关的深度信息和服务的网站。与大而全的综合性网站不同的是，垂直网站的定位非常清晰，它力求提供某个领域内最全面、丰富的信息和最专业的服务，针对性强、专业化程度高和服务的深度性是其最显著的特点。

目前国内的垂直网站用户覆盖数比较多的主要有博客类（如新浪博客、博客中国、网易博客等）、在线视频类网站（如优酷网、土豆网、爱奇艺、腾讯视频等）、行业新闻类网站（如虎嗅网、36 氪等互联网新闻网站；虎扑之类的体育新闻网站）、分类网站（如 58 同城、赶集网）、房产网站（如搜房网）、汽车网站（如易车网）等。随着中国网民成熟度的提升，分众化趋势开始日益明朗，网民对垂直信息和服务的需求呈现出比较乐观的发展趋势。因此，对垂直网站而言，探索适合自身的盈利模式和经营策略显得十分重要。

（四）新闻网站

新闻网站是根据国务院新闻办公室、信息产业部在 2000 年 11 月联合颁布的《互联网站从事登载新闻业务管理暂行规定》第五条，在中央新闻单位、中央国家机关各部门新闻单位以及省、自治区、直辖市和省、自治区人民政府所在地的市直属新闻单位依法建立的、以登载新闻业务为主要生存手段的互联网站。我国新闻网站按照三级布局：中央级的国家重点新闻网站、省级的地方新闻网站和依托传统媒体建设的大型新闻网站。按照有关规定，国家大型新闻门户，如新华网、人民网、中国网等政府网站的后缀为“.gov”；中国网站的后缀为“.cn”；商业门户，如网易、新浪等商业网站的后缀为“.com”。此外，还有长江网、大江网、大洋网等地方新闻门户网站和中国化工网等各种行业门户网站。

（五）视频网站

视频网站是以视频作为技术平台和经营平台的网络媒体，它让互联网用户在线发布、浏览和分享视频作品。在我国，要开办和经营视频网站，必须取得国家新闻出版广电总局颁发的《信息网络传播视听节目许可证》，即获得互联网视频牌照。知名的视频网站有：以“快者为王”为产品理念、已发展成为中国网络视频行业的第一品牌的优酷网；2005 年 4 月开始运营、在中国领先的视频分享网站土豆网；国内最早购买影视剧版权的视频网站乐视网；坚持“悦享品质”公司理念、以“用户体验”为生命的爱奇艺；中国最具行业领导地位的视频网站之一、开创差异化视频营销模式的酷 6 网；定位中国最大在线视频媒体平台的腾讯视频；从搜狐宽频（2004 年）到搜狐播客（2006 年）再到“高清影视剧”频道（2009 年）的搜狐视频；支持对海量高清影视内容“直播 + 点播”功能的 PPTV；全球第一家集 P2P 直播、点播于一身的 PPS（全称 PPStream）；2011 年 2 月百度最新推出的一款全新体验的播放器产品——百度影音。近年来，无论是 P2P 直播网站、BT 下载网站，还是视频播放网站，抑或是视频点播网站，都将自己争夺的重点放在影视点播上，这种现象值得关注。在盈利模式上，有些视频网站通过让广告商给频道冠名收取费用，另一些以向注册用户提供没有广告的服务借以收取费用，还有一些找到了合作伙伴共同进军电子商务和网络游戏市场。所以，盈利模式不清晰导致我国网络视频市场尽管发展很快，但很少有企业实现盈利。

（六）社交网站

在互联网领域，英文缩写 SNS 有三层含义。其一是指 Social Network Scrvicc，这个含义的范畴最广，指的是帮助人们建立社交网络的互联网应用服务；其二是 Social Network Software，指采用 P2P 技术构建社会网络的软件；其三是 Social Network Site，是用来建立社会关系的网站，即社交网站。虽然三者侧重点有所不同，但这三个词界定的事情都是将人的社会化及社会关系的建立与维系当作核心。

虽然对于 SNS 而言最普遍的定义是 Social Network Software，但是严格来讲，国内的 SNS 指的都是社交网站而非社交网络服务，因此本书所说的 SNS 主要是指社交网站或者社交网。社交网站的特点表现为用户具有相同的属性和较高的黏性，成员之间的互动频繁，呈现出较高的群组聚合性。

著名传播学者麦克卢汉认为“媒介即人体的延伸”。SNS 作为一种社交网站，延伸了人的交往范围。SNS 是一种利用互联网实现人与人之间关系的建立和维系的社交平台，是对现实生活中人际交往的虚拟化补充，它不仅能够降低社交成本，而且可以最大限度地帮助用户拓展有价值的人脉资源。

二、数字媒体形态

数字媒体是建立在数字技术基础上的新兴媒体，由此衍生的媒体形态就是数字媒体形态。数字媒体是指以二进制数的形式记录、处理、传播、获取过程的信息载体，这些载体包括数字化的文字、图形、图像、声音、视频影像和动画等感觉媒体和对这些感觉媒体的编码等，统称为逻辑媒体，以及存储、传输、显示逻辑媒体的实物媒体。但通常意义上所说的数字媒体指感觉媒体。数字媒体形态包括数字广播媒体、数字电视媒体和 IPTV 等。

（一）数字广播媒体

在数字媒体时代，数字广播媒体拥有主动性、互动性和个性化等新属性，同时具有了高保真、传播内容多、不受时空限制和成本低廉的优势。并且建立在数字技术基础上的数字广播媒体有多种传播形态，具体表现为无线网络广播、卫星广播、手机广播、数字地面广播等。

（二）数字电视端体

数字电视，又称为数位电视或数码电视，是与模拟电视相对的，是指从节目的采集、制作、编辑、播出、传输、接收的全过程都采用数字技术的电视系统。数字电视的具体传输过程是：由电视台送出的图像及声音信号，经数字压缩和数字调制后，形成数字电视信号，经过卫星、地面无线广播或有线电缆等方式传送，由数字电视的接收器接收后，通过数字解调和数字视音频解码处理还原出原来的图像及伴音。因为全过程均采用数字技术处理，因此，信号损失小，接收效果好。与模拟电视相比，数字电视具有图像质量高、节目容量大（是模拟电视传输通道节目容量的10倍以上）和伴音效果好的特点。数字电视提供的最重要的服务是视频点播（VOD），它有效地提高了节目的参与性、互动性和针对性。因此，在可以预见的未来，电视将朝着点播模式的方向发展。此外，数字电视还提供了数据传送、图文广播、上网服务等其他服务，用户能够使用电视进行股票交易、信息有闻、网上冲浪等，此举赋予了电视新的用途，扩展了新的功能，把电视从封闭的窗户变成了交流的平台。对于数字电视取代模拟电视带来的好处，赫南·加尔伯瑞曾有精彩的论述：“它（数字电视）改变了从摄像机到发射塔各个方面，颠覆了现有的节目制作与发行的基础；它要求建立新的机制以补偿内容提供商和发行商，因为在这样一个世界里，传统的广告可以被选择性地跳过，而轻轻一按键就可以进行完美的复制与传播；它还要求开发新的工具，能为观众提供在令人眼花缭乱的节目和新业务中快速搜索的导航服务，就像互联网的浏览器帮助我们在互联网上找到我们的路一样。”

（三）IPTV

IPTV（Internet Protocol Television），即交互式网络电视，是一种利用宽带互联网的基础设施，以家用电视机、个人电脑和手机为接收终端，集互联网、多媒体、通信、广播电视等基本技术于一体，借助互联网协议，向家庭和个人用户提供包括数字电视在内的多种交互式服务的新媒体形态，用户在家里可以通过计算机、网络机顶盒 + 普通电视机和移动设备（手机、平板等）三种方式享受 IPTV 服务。从 NGN(Next Generation Network 的简称，即下一代网络，又称为次世代网络）的概念与定义来看，IPTV 属 Triple Play（语音、数据、视像三重播放业务）范畴，是一种宽带网络业务，涉及多媒体、视频业务，它利用各种宽网络基础设施，通过有利于多业务增值的 IP 协议，提供包括视频节目在内的各种数字媒体交互性业务，实现宽带 IP 多媒体信息服务。IPTV 既不同于传统的模拟式有线电视，也不同于经典的数字电视，因为传统的模拟式有线电视和经典的数字电视都具有频分制、定时、单向广播等特点。尽管经典的数字电视相对于模拟电视有许多技术革新，但只是信号形式的改变，没有触及媒体内容的传播方式。相比较而言，IPTV 的最大优势在于它的交互，而数字电视的最大优点在于其图像的高清。

三、移动通信媒体形态

移动通信媒体形态，即手机媒体形态，它是将移动通信与互联网结合在一起的媒体形态，是继报刊、广播、电视和网络媒体之后的“第五媒体”。人类进入智能手机时代以后，手机不仅是用来打电话、接电话的通信工具，而且还可以在上面进行阅读、看视频，成为名副其实的媒体形态。

（一）短信、彩信

短信的英文名是 SMS，是 Short Message Service 的缩写，用户通过手机或其他电信终端，直接发送或接收的文字或数字信息。按照设置，用户每次能接收和发送短信的字符数，是 160 个英文字符或数字字符，或者 70 个中文字符。

彩信，即 MMS，是 Multimedia Message Service 的简称，中文名为多媒体

信息服务。与短信相比，彩信的特色是应用多媒体功能，传递功能全面的内容和信息，这些信息包括文字、图片、数据、动画、音频和视频等多媒体信息。

（二）**手机报纸**

手机报纸，又称为手机报，是整合、编辑传统报纸信息，使之变成适合在手机上观看的新闻，再通过基于GPRS等无线网络技术的彩信业务平台，将其发送到用户的手机或者用户利用WAP连接到网络直接浏览信息的全新传播模式。手机报纸图文并茂，在观感上更加接近传统报纸。手机报的出现不是偶然的。它是科学技术迅猛发展、电信技术突飞猛进、传统媒体应对挑战的产物，是传统媒体和电信媒体“联姻”的成果。它是传统报业继创办网络版、兴办网站之后，跻身电子媒体的又一举措，是报业开发新媒体的一种特殊方式。

（三）**手机期刊**

手机期刊，又称为手机电子杂志，是指直接在手机上阅读的多媒体资讯杂志。它突破网络电子杂志的局限，传播内容图文并茂，无须网络，无须下载，直接在手机上阅读，方便快捷。手机期刊具有精准传播（推送）、成本更低、携带方便和环保时尚等特色。

（四）**手机图书**

手机图书，又叫手机电子书，主要指通过手机阅读的电子图书。伴随着移动通信技术的成熟和手机的普及，通过手机看小说在国内已经成为一种时尚和潮流。当前，手机电子图书文件主要有UMI、WMLC、JAVA（包括JAR，JAD）、TXT、BRM等几种格式。

（五）**手机电视**

手机电视（MobiIe TV），是基于Android平台在线音视频播放和分享应用，为用户提供电视频道和音频广播直播，是以手机等便携式移动终端设备，传播视听内容的一项技术或应用。手机电视融合多种媒体特性，将电视媒体的直观性、广播媒体的便携性、报纸媒体的滞留性和网络媒体的交互性融为一体。因此，手机电视不仅能够提供传统的音视频节目，而且还可以借助无线网络完成交互功能，更利于多媒体增值业务的开展。

四、自媒体形态

自媒体的英文名为 We Media，又称“公民媒体”或“个人媒体”，它既是一种以个人传播为主的媒体形态，又是一种个性化、平民化、自主性极强的信息传播方式，它主要借助博客、播客、微博、微信、论坛（BBS）等信息传播平台，向社会公众或者特定个人传递信息的新媒体形态的总称。

在传统媒体时代，信息传播活动由专业媒体机构主导，它们在新闻报道时通过议程设置，强化主流媒体声音，告诉社会公众哪些是对的或者哪些是错的，人们在这个过程中只是扮演被动接受者，即“受众”的角色，没有多少主动性可言。新媒体时代来临以后，由专业媒体机构把持的信息传播活动逐渐被“去中心化”取代，“主流媒体声音”也渐次被碎片化和个性化的信息所淹没，每一个人都在从自己获得的资讯中对事物做出主观价值判断。与由专业媒体机构主导的信息传播不同，自媒体是由普通大众主导的信息传播活动，它将传统媒体时代的由“点到面”的传播，转化为自媒体时代从“点到点”的传播，是用户与用户之间的一种对等的传播活动。因此，从根本上说，自媒体是一种以个人传播为主的媒体形态，即人们常说的“人人都有麦克风，人人都是记者，人人都是新闻传播者”。同时，它还是一种为个体提供信息生产、积累与共享，传播内容兼具私密性和公开性的信息传播方式。

（一）博客

博客，是 BLOG 的音译名，也译为“部落格”或“部落阁”，是 Web Log 的缩写形式，是一种传播个人思想、带有知识集合链接的网络日志。

“博客”之名最早来自被称为“网络旗手”“博客教父”，并将BLOG引入中国的方兴东。他认为博客是继E-mail，BBS、ICQ之后出现的第四种网络交流方式。博客的使用者或拥有者被称为Blogger或者Webloggers。博客一般由个人管理，Blogger或者Webloggers不定期将自己新写的文章或者将别人的文章张贴在上面。博客上的文章通常根据张贴时间，按照由新到旧的方式排列，重要文章可以置顶。作为个人主页或者个人网站的博客，其“技术原型可以说是简化的BBS和个人空间的组合”，它“以‘个人日志’的链接文本形式存在，在时间维度上持续，并且可以回溯，因而表现为一个较为完整的个体。与BBS或个人网站中的网民相比，博客可以不依附大型网站，同时突破了传统个人主页的诸多局限，更强调受众的个性与权利，从而创造了网络世界中个体的完整形态”。在博客中，博主可以隐去自己的真实身份，借助文字、图像、其他博客或网站的链接，自由表达自己的思想与观点，与他人进行交流、沟通与互动，因此博客是一种互动性极强、极具个性化的自媒体形式。目前，比较有名的博客有新浪博客、网易博客和搜狐博客等。

（二）微博

微博，又称为微型博客或微博客，它是一个基于用户关系的信息分享、传播以及获取平台，是由博客发展而来，是博客在Web2.0时代新的表现形式。微博用户可以通过电脑（WEB）、手机（WAP）等客户端组建个人社区，以简短的文字发布或更新信息，并实现信息的即时分享。与博客相比，微博发布的文字信息更加简短，一般不超过140字，因而有“一句话博客”的说法，并且微博作为一种分享和交流平台，更加注重信息的时效性和随意性，可以表达出用户每时每刻的思想和最新动态，用户可以不受时间、地域限制，随时随地发布信息，发布信息的方式也更加方便快捷。世界上创立最早、影响力最大的微博网站是美国的Twitter。2006年5月，Blogger的创始人埃文·威廉姆斯，在美国硅谷创建微博网站Twitter，向用户提供微博服务，由此改变了世界的沟通方式，影响到社会生活的方方面面。受Twitter成功的启发，国内创立的中文微博网站先后有饭否网（2007年5月）、叽歪网（2007年5月）、腾讯滔滔（2007年8月）、嘀咕网（2009年2月）、同学网（2009年5月）等，而影响最大的还是由几大门户网站建立的新浪微博（2009年8月）、网易微博（2010年3月）、腾讯微博（2010年4月）和搜狐微博（2010年4月）。

（三）微信

微信，英文名为Wechat，是深圳市腾讯计算机系统有限公司于2011年1月21日推出的一个为移动智能终端提供即时通信服务的免费应用程序。微信支持跨通信运营商、跨操作系统平台，通过网络快速发送免费语音短信、视频、图片和文字，通过“摇一摇”“漂流瓶”“朋友圈”“公众平台”“语音记事本”等社交和服务插件，共享流媒体内容资料。微信的创新表现在两个方面：其一，微信提供公众平台、朋友圈、消息推送等功能，强化了移动通信技术条件下社交信息平台的即时通信功能，一方面用户可以通过“摇一摇”“搜索号码”“附近的人”及扫二维码方式添加好友和关注公众号平台，另一方面微信又将内容分享给好友以及将用户看到的精彩内容分享到微信朋友圈；其二，伴随着微信逐渐由社交信息平台向商业交易平台的转移，它将对整个营销行业带来颠覆性影响，消费者只要通过微信平台，就可以实现商品查询、选购、体验、互动、订购与支付的线上线下一站式服务。

第二章　新媒体的发展历程

第一节　网络媒体发展概况

从互联网的雏形——阿帕网横空出世，至今，互联网已经走过了四十多个年头。在这近半个世纪的发展中，互联网的发展从实验室走向市场，并最终改变了人类的生活、工作、娱乐等各个方面，它的发展历程呈现出从科研教育到商业应用的清晰脉络。

一、1969—1993：网络媒体探索期

1969年到1993年之间，互联网的主要目的还是用于军事、科研等领域，并未进入大众的生活，在此期间，网络媒体仍处于探索期。

（一）互联网在欧美的起源

世界上第一台计算机ENICA于1946年在美国诞生。1957年，苏联发射第一颗人造地球卫星，在跟美国的竞赛中赢得了空间领域的胜利。美国国防部受到刺激，决定组建高级研究计划局，计划通过计算机网络促进先进军事指挥和控制系统的发展，使其能承受苏联的核攻击。

军事目的直接指向了网络结构的去集中化。因为不能存在一个能被敌

人摧毁的指挥中心，要保证即便在部分被摧毁的情况下，整个系统还能继续工作，所以直接导致了互联网作为一个权力分散的系统而存在。当时的互联网以封包交换通信技术为基础，这个系统使网络可以独立于指挥与控制中心而运作。信息被分装为单位（小包），然后才发送出去，根据流量和网络情况，信息包走不同线路，到达目的地后又重新打包。每个信息包用数字封套包装，标上内容的具体参数。互联网的产生，从一开始就打上了军事目的的烙印。

在 1969 年起步时，美国互联网只是一个小型的公共计算机网络，这一网络有一种计算机语言和一套协议。直到 1974 年，TCP 协议和 IP 协议被提出，再到 1983 年被确定为网络的标准协议，这时美国才真正建立起全国性互联网。

除了军方赞助以外，科学研究的价值成为互联网发展的第二个重要因素。由于军方和科学界都不希望受到中央网络的控制，因此最初双方建立了良好的工作关系。后来，在安全问题的优先排序上，军方跟科学家双方发生了严重分歧。经友好协商后，1983 年，互联网分成军用和民用两部分。然而当时互联网仍然是专家和精英的用品，未曾开放给大众消费。

20 世纪 80 年代，商业网络服务已经在公共互联网之外兴起，给用户提供购物和聊天的机会，但收效不大。同期，美国反文化运动和欧洲反文化运动的兴起，把互联网从技术精英的工具改造为虚拟共同体的创造力，将其改造为亚文化的游戏场、民主的代理场。

1985 年，欧洲粒子物理研究所的内部网启用了互联网协议，1989 年又开通外部网联网协议，并于 1991 年创建了万维网。20 世纪的 80 年代和 90 年代，互联网的发展实现了国际化，此前主要以美国为中心。

1990 年，美国军方把公共互联网的骨干业务分流出来交给国家科学基金会，从此，其军事使命就终结了。1991 年，美国互联网商业开发的禁令才被解除，这是互联网迈出的非常重要的一步。

1993 年，马克 · 安德森等人创办了“网景”公司，“网景”浏览器的推出加速了互联网的普及速度，因为它将 WWW 思想付诸实践，使得互联网有可能真正走出技术高手的圈子“飞入”寻常百姓家。同年，克林顿政府提出“信息高速公路”计划，旨在使所有的美国人方便地共享海量的信息资源，进一步推动了互联网的商业化进程。之后，互联网就开始逐步从实验室走向市场，并最终席卷全球，成为推动人类社会进步的重要驱动力量。

（二）互联网在中国的萌芽期

互联网在中国拉开序幕也始于实验室。1987 年 9 月 20 日，钱天白教授向世界发出我国第一封电子邮件:“越过长城，通向世界”，宣告中国人开始使用互联网。1990 年 11 月 28 日，钱天白教授代表中国正式注册了我国的顶级域名“.cn”。直到 1994 年 4 月 20 日，中国开通与国际互联网相连的 64K 网络信道，才标志着我国正式加入国际互联网大家庭。

正式接入国际互联网以后，我国的互联网基础设施建设也在积极铺开，CHINANET（中国公用互联网）、CERNET（中国教育和科研计算机网）、CSTNET（中国科技网）、CHI–NAGBN（中国金桥信息网）等四大骨干网工程相继展开。

二、1994—2000：网络媒体商用尝试期

1994 年到 2000 年期间，互联网走过了商用尝试期。在此期间，搜索引擎、商业网站、网络广告等有了初期的发展，网络经济的热潮一度达到顶峰。

（一）欧美各国的互联网商业化尝试

20 世纪 90 年代中期，互联网的市场化开始被人们接受，因为它符合当时的时代精神。麻省理工学院的尼古拉斯 · 尼葛洛庞帝预言，公众将从互联网和数字媒体中主动获取想要的东西，而不是被动接受媒体推给他们的

东西。

1994年，杨致远和大卫·费罗在美国创立了雅虎。搜索引擎的到来，进一步加速了互联网的商业化步伐。到1995年，美国的公共互联网完成了私有化。1996年4月12日，雅虎正式在华尔街上市，上市第一天的股票总价达到5亿美元。互联网的商业价值开始逐渐凸显，也使互联网的性质发生了变化。1997年通过的信用卡交易标准协议大大促进了网络销售。在一定程度上，互联网成了一个大型商场，虚拟商店开张，产品和服务在此被出售。

在互联网的普及上，商业化发挥了重要作用，使更多公众能用上互联网。然而，商业化又实施了经济控制和元数据控制，启用新的商业化的监控技术，这就影响了互联网的多样化和自由。

互联网商业化的变迁带来了一系列的副作用。如互联网体系为富人提供快速的上网服务，穷人却只能享受低速的上网服务；互联网曾经是非市场化的，内容自由流通，如今这个空间却变得商品化，销售和广告可能成为主导，损害了互联网作为开放的公共领地的性质。

（二）国内互联网的商业化萌芽

互联网这个新生事物在国内的发展也很迅速，网络经济在快速升温的同时，传统媒体创办网站的热情高涨，商业网站谋求着创造跟“美国在线”一般的网络神话。

从1995年《神州学人》周刊成为我国第一家走上互联网的媒体开始，此后3年里，网络媒体在数量上迅速增长，呈现出向前推进的强劲势头，多路媒体开始了摸着石头过河的探索之路。

在此期间，张树新开发的“瀛海威时空”网络是“美国在线”的翻版，成为普通中国人网络生活的启蒙导师。《人民日报》《中国经营报》《广州日报》《北京青年报》《中国日报》等多达30余种报纸在互联网上开始发行电子版。

与此同时，新浪等商业网站纷纷成立，给互联网经济的红火添了把柴。

根据1999年的广告监测数据显示，网站的广告收入在当年第四季度比第一季度增长了651%，网站在电视和报刊上大肆投放广告，投放资金总计1.56亿元。网站开始争先恐后烧钱买版面来博关注，“圈地”“风险投资”“上市”等曾是当时的热门词汇。

网络媒体的发展被政府提到了战略高度。2000年，国务院新闻办首次召开互联网络新闻宣传工作，并确定了包括中国互联网新闻中心、人民日报、新华社、中国日报和中国国际广播电台等在内的首批重点新闻宣传网站，这从侧面说明了网络媒体当时地位上升的事实。

2000年美国在线与时代华纳的合并更是给整个互联网行业强大的信心，网络经济的热潮达到高峰，国内互联网行业从业者希望复制美国的神话。此时，互联网的商业化发展已成燎原之势。

三、2001—2004：商业网站启动期

2000年下半年，互联网的第一场暴风雪从美国刮到中国，互联网遭遇第一次寒冬。2000年4月纳斯达克科技股一泻千里，美国的网站陷入倒闭潮、并购潮，但中国仍有新浪、网易、搜狐三家门户网站逆风上市，虽然一直徘徊在垃圾股边缘，却通过自身的绝地反击获得重生。总体来说，从2001年到2004年，是商业网站的启动期。

（一）商业网站的破冰重生

2000年年底的互联网泡沫破灭是必然的，因为当时互联网的发展并没有达到成熟的局面，“烧钱圈地热”和“上市融资热”一度蒙蔽了创业者的眼，他们未能清醒地认识到当时的经济环境和技术环境。

然而，顽强的互联网人并未就此倒下。从2001年到2002年上半年，网络经济在跌落谷底以后开始了绝地反击，用多种方式寻求适合自身特点的发展道路。

在此之前，中国的商业门户网站一直沿袭着美国雅虎网站的模式，即通过内容与搜索服务来吸引网民，提升点击率，再用点击率来吸引广告主进行在线广告的投放。这与传统媒体的二次售卖模式其实并没有本质差异，都是要先吸引用户眼球。然而，互联网低潮的到来让各家网站开始探索新的发展道路。

美国的网站先做出了示范性探索。2001 年 4 月，微软公司宣布要开设订阅收费服务网站，《纽约时报》也开始测试一系列收费的信息产品，ABC News、雅虎等纷纷走上收费的尝试之旅。

国内的网站为了生存，开始效仿收费，并且尝试用重新定位和其他的方式盈利。2001 年，网易在纳斯达克的停牌使其传统广告受到剧烈冲击，开始进行战略转型，向提供个人收费服务的方向转型。2002 年 4 月 12 日，新浪进行架构整改，核心业务包括新浪网、新闻企业服务、新浪热线；搜狐开始面向个人和企业开展了一系列收费服务。当时商业网站的收费服务主要包括对个人用户收费、对企业用户收费和提供互联网服务进行收费。

这三家门户网站逐渐摆脱对雅虎的纯粹模仿，开始重新定位并摸索自身发展之路后，终于在 2002 年下半年走出了寒冬，实现了盈利，为之后更好的发展打下了良好的基础。而通过这次寒冬的自救，中国商业网站的发展开始逐步走向规范化、理智化。

相对而言，这场互联网泡沫破灭带给传统媒体网站的负面影响和冲击要小得多。从 2001 年到 2002 上半年，传统媒体网站开始了自我调适和改版，以提升自身新闻传播的实力，并适应竞争的需要。新华网、人民网、央视国际等代表官方话语的媒体，与千龙网等地方新闻网站和其他行业网站，继续自身发展与整合的步伐。

（二）商业网站的跨越成长

2003 年被视为中国网络媒体发展史上的一个分水岭。这一年，网络媒体开始复苏，网络经济重现曙光。国际国内上的重大事件，让网络新闻有了更多的表演舞台。商业门户网站继续自身改革和提高的发展之旅。尤其是非典事件的暴发，更让网络媒体和电子商务网站获得了迅速生长的契机。

2003年2月，美国“哥伦比亚”号航天飞机失联时，新浪网第一时间将信息发布在网站上，并向手机新闻订户发出第一条短信，这比新华网、人民日报等媒体都要早；此后在伊拉克战争期间，中国网络媒体纷纷主动出击，推出关于伊拉克战争的最新报道和手机短信服务，开辟战争专题页面，24小时滚动直播战争动态，开通战争的网络视频直播等。这些举措，让我国网络媒体有了新闻时效性竞争的意识。而在这次战争报道之争中，不仅出现了网络视频流媒体播放、Flash新闻等新的新闻报道形式，报道手段和方式也得到了提高。

这一年，非典肆虐全国。此事件被网络媒体踢爆之前，传统媒体却“集体失语”。在之后的抗击非典的过程中，商业网络媒体相比传统媒体，行动更早、手段更丰富、报道的资讯更加多元，向网民通报最新疫情和预防的方法，发布最新资讯，网民也从商业门户上获取了很多传统媒体不曾报道的侧面消息，商业门户彰显了自身的传播广度和传播影响力。

在非典期间，人们的生活方式发生了改变。通过电子商务网站进行购物的方式开始逐渐被很多网民接受，电子商务网站获得了飞速的发展；通过网络写日志来记录生活并发表，成为人们休闲时间的新选择；网络聊天室、BBS，成了非典这一特殊时期中小道消息和官方消息横飞的渠道，人们在此交流感情、打发时间。可以说，非典使得网络生活方式在人们生活中打下了深刻的烙印。

网络的发展更进一步使其彰显民众的呼声，维护公民的权利得到了见证。2003年的网络舆论，爆发出了巨大的能量，甚至推动了官方制度的改革和社会的进步。其中尤以孙志刚事件最为轰动，因为该事件直接导致了收容遣送制度的废止，这被视作网络舆论发挥力量的里程碑。

2004年，网络媒体纷纷推出“2003年十大新闻评选”，对过去一年的新闻事件进行回顾和点评。在经历了网络经济寒冬洗礼后重生的商业网站，经过短暂的休整后，在新闻内容、发展模式、盈利手段上都有了新的发展，终于重整旗鼓，并最终迎来了网络媒体的跨越式成长。

四、2005 年至今：网络媒体全面发展期

2005 年以后，互联网呈现出全面的发展态势，先是 PC 端网络媒体的全面发展，之后移动端媒体也开始强势增长，互联网成为改变全球人类生活的重要力量。

（一）2005—2008：PC 端网络媒体全面发展

仅以国内互联网的发展为例，商业网站汇聚起大量人气和流量，传统媒体网站也成为网络新闻影响力的主导者；同时，博客、网络杂志、网络视频开始兴起，校内网（现为人人网）、开心网、QQ 空间等社交网站获得蓬勃发展；新型的网络盈利方式得到拓展。

2006 年，网络新闻作品正式进入中国新闻奖的评选范畴，网络媒体的"主流"身份得到了充分的认可。人民网、新华网创作出许多优秀作品，成为传统媒体网站中的佼佼者和网络新闻影响力的主导者。

同年，网络阅读这一新兴阅读方式开始兴起，截至 2006 年 5 月，全国已有 400 多家出版社开展了网络出版。网络视频开始兴起，恶搞短片《一个馒头引发的血案》在网上风靡一时，IPTV 的技术根基日益坚固。

社交网站的火爆是这时期另外一个热点。在国内，校内网、开心网、QQ 空间等社交网站，都曾风靡一时，注册用户数和活跃用户数都居互联网应用的前列。而基于社交关系的商业应用则得到迅速的发展。

（二）2009 年至今：新媒体百花齐放

2009 年 1 月，3G 牌照的发放宣告了 3G 元年的到来，移动互联网产业开始跃入新的发展阶段。此后，移动互联网、微博、微信、三网融合、媒

介融合等热点成为传播学界热议的主题，也成为业界争相热捧的对象。

基于智能手机的各种 APP 开始火热，各家门户网站趁热打铁推出了各自的新闻客户端产品，其中腾讯新闻客户端 2015 年 1 月 APP 以月度覆盖人数已达 8114 万人位居榜首，腾讯、搜狐、网易三家新闻客户端占据了 64% 的市场份额，而传统媒体网站也纷纷推出自身的移动客户端，抢夺移动互联网时代的新闻用户，一场没有硝烟的战争在移动端展开。

2009 年 8 月，新浪推出“新浪微博”内测版，此后微博发展日趋火热，在微博中诞生的各种网络热词迅速走红网络，诸多政府机构、企事业单位和各界名人、草根汇聚于微博，借着微博上的高人气和影响力成为微博上的意见领袖，微博反腐、微博打拐、微博营销都成为对微博应用的热点所在，微博效应逐渐形成和壮大。

而 2011 年推出的微信，则是移动互联网发展史上的一个里程碑式的产品。截至 2014 年末，微信的月活跃人数已突破 5 亿，在移动端独领风骚，一骑绝尘。基于微信的 020 服务、电子商务、移动支付、微信营销、企业宣传等更是红火至今。

除此以外，在网络媒体以外的领域，电子商务、移动生活、智能穿戴设备、物联网等也方兴未艾，改变着全球互联网用户的生活和工作方式。

第二节 自媒体发展

随着互联网的不断发展，越来越多的新型传播工具开始出现，以专业的媒体组织机构为主体进行的新闻报道方式逐渐受到冲击，以个体为单位的信息传播方式得到发展，先后出现了以博客、微博和微信为代表的自媒体形式，逐渐改变了传统的传播模式和媒介生态。

一、自媒体概述

所谓自媒体，是指普通公民经由数字科技与全球知识体系相连的，一种提供与分享他们真实看法、自身新闻的途径。

一般认为，自媒体有如下特点：传播主体是普通大众而非专业的传播机构；传播渠道以第三方专业网站为实现平台；依托于数字科技与网络技术而产生；实现了从传播到互播的改变，传播方式更加多元化；传播主体拥有了更大的话语空间与自主权。

比较有影响的自媒体类型包括博客、微博、微信，三者分别在不同时期成为普通公民彰显自我、表达观点的媒介。

二、博客：Web2.0 时代具有开创意义的个人媒体

博客，即网络日志，英文名为 BLOG，形式多以文字为主，也糅合了摄影、音乐、视频、艺术等，比较著名的博客有新浪博客、博客中国等。

（一）博客的产生与发展

最早的博客是作为网络过滤器出现的，因此有人认为浏览器 Mosaic 的 What’s New 网页是最早的博客网页，但“Weblog”这个术语第一次被使用却是在 1997 年 12 月，Jorn Barger 用其来描述那些有评论和链接，而且持续更新的个人网站。

目前最流行的词汇“BLOG”，一般认为是 Peter Merholz 在 1999 年命名的。这一年，也是博客开始高速增长的一年，Blogger、Pita、Grey matter、Diary land、Big Blog Tool 等众多博客网站出现，它们往往还提供免费的服务器空间。因此，一个博客就可以零成本地发布、更新和维护自己的网站。其中 Pita 公司出品的 Blogger 是当时最流行和最有影响的工具。

博客与个人网站、社区、网上刊物、微型门户、新闻网页的区别，最明显的是形式而不是内容。Evan Williams 对博客的定义非常简洁。博客概念主要体现在三个方面：频繁更新（Frequency）、简短明了（Brevity）以及个性化（Personality）。后来继续演化，更规范更明晰的形式界定为：1. 网页主体内容由不断更新的、个人性的众多“帖子”组成；2. 它们按时间顺序排列，而且是倒序方式，也就是最新的放在最上面，最旧的在最下面；3. 内容可以是各种主题、各种外观布局和各种写作风格，但是文章内容必须以“超链接”作为主要的表达方式。如果无法满足这些条件，就不能称为正式的博客网站。

2005 年，全球博客数量突破 1 亿，到 2009 年微博出现之前，博客一直是互联网上的主流产品。博客上也出现了许多红极一时的名人，如名人博客排名第一的徐静蕾，两个月创造 1.4 亿次的点击量，还有在博客上针砭时事、“大放厥词”而火的“新青年韩寒”，都一度成为文化界的焦点。

到 2009 年 12 月，博客在网民中的使用率达到 57.7%，活跃博客的规模进一步扩大。

到 2010 年年底，博客的用户规模已达 2.9 亿，受社交网站的快速增长和微博兴起的影响，博客的增幅相比 2009 年较小。同时，博客的使用率也出现了下降，普通网民开始越来越习惯微博等快读、简单、互动和社交性更加强的信息互动方式。如今博客的创作者也主要回归到精英人群，内容趋于专业化，这也是互联网技术的发展和网民成熟度、个性化程度提升导致的必然结果。

（二）博客的特点

博客具有私人性、即时性、开放性和交互性等特点。正是这些特点，使其改变了传统的网络环境和传播格局，产生了深远的社会影响。

博客不再是传统的媒介组织所拥有的工具，而是真真正正属于网民个体私有的网络空间。网民可以在上面自由表达自己的观点、态度，将其当作个人展示的舞台，也可以只是进行生活记录，当作网络日志的形式。博主对自己的博客有着充分的管理权和自主权。博客的出现标志着个人媒体时代的真正到来，信息传播得以通过博客这一中介以一种最私人化、最便捷化的方式呈现。

博客具有即时性。博客的呈现方式一般是按照时间顺序倒序排列。博客发布后，就可以及时更新在网络上，其他网民即可立刻进行浏览。而纸质媒体在其信息生产过程中，媒介工作者从采访、写作到修改、印刷、出版、售卖这一过程中所耗费的时间，会导致信息的时效性降低，而博客则能提升信息传播的新鲜度。

博客具有开放性。它允许浏览者进行自由的评论，给网民提供了一个信息和观点交流的渠道，意味着在网络环境中公共领域的兴起，降低甚至是打破了个体进入公共领域的门槛和机制。

博客具有交互性。以往的大众媒介发布信息是单向的信息输出，信息反馈这一环节比较薄弱，虽然报社有读者来信，电台有听众电话交流，但是跟博客这种博主与浏览者直接通过评论和回复的机制进行思想的碰撞、消息的互换还是存在很大的差距，博客使得传播过程中的传受双方互动性得以大大提升。

（三）博客对传播格局的影响

博客跟原有的网络传播方式有着本质上的区别。电子邮件和腾讯 QQ 是点对点或小群体之间的传播，BBS 是网民的随意发言，它们传播的结果是一个个离散的点，而博客突破了点对点传播的局限，可以使得博主的发声被更多人听到。

博客的出现预示着个人媒体时代的真正到来。因为它不仅使互联网上的信息传播以一种私人化的形式出现，还给网民提供可以互动的交流平台，通过对传统传播模式的冲击，打造出了一种新型的信息传播格局。

博客带来信息空间的延伸。从本质上看，博客创造了一种全新的传媒文化和民主气氛，延伸了传媒信息科技的文化张力。博客为网民提供了一种新的传播渠道，使得普通网民也可以利用这个平台去分享自己的知识、信息和观点，而且主要是将其作为一种实现个体价值、张扬自我个性的工具进行使用。此外，由于博客的评论机制，使得不同网民的观点可以在此进行碰撞，产生新的思想火花，这就跟传统媒介只是让受众被动地接受消息形成了区分，使信息空间得以延伸。

博客赋予了个体对大众媒介施加影响的权利。一旦博客被网友围观，或者其言论产生了重大的社会效应，大众媒介就会出于追逐热点的本能继续予以跟踪和报道，因此博客的出现可能会让个体反向影响大众媒介，而改变了以往个体只能受大众媒介报道影响的局面。

博客使得传播的主客体可以走向融合统一。大众传播模式中，主客体界限分明，而在博客的环境中，网民是带有积极参与的主动性的，他们可以通过对博客内容的评论实现与传播者之间的互动，甚至可以通过独立写作新博客内容予以评价和回应的方式，使自己由受者成为传者，由此博客使得传播的主体与客体的界限不再那么清晰，并得以融合统一。

总的来说，博客改变了传统媒体的传播模式，是 Web2.0 时代具有开创意义的一种个人媒体。

三、微博：精英传播向草根传播的变革者

微博是微型博客的简称，用户利用微博可以实现即时分享与社交。

（一）微博的产生与发展

微博的鼻祖是美国的 Twitter。2006 年，Twitter 由杰克·多西、伊万·威廉姆斯和比孜·斯通创办。2007 年，在美国 South by Southwest 音乐节上第一次吸引了公众的眼球，并于当年获得了全美互动网络大奖。

国内的微博中，以新浪微博和腾讯微博影响力较大。由于新浪微博的

发展现状远胜于其他微博，因此，目前微博一般被用来指代新浪微博。

1. 微博的发展

2009 年 8 月，新浪网推出“新浪微博”内测版，成为国内第一家提供微博服务的门户网站，微博正式进入网民的视野。国内其他门户网站也纷纷推出自己的微博产品，网易微博、人民微博、搜狐微博、腾讯微博先后开放用户注册。一时间，微博产品风靡整个互联网圈，主流门户网站基本都在布局微博，因而 2010 年也被称为中国的微博元年。

在国内，新浪微博的风头一时无两。不仅吸引了众多名人，还有诸多政府部门、相关领导、企事业单位、媒体单位纷纷入驻，微博一度成为网民讨论时政、经济、八卦，媒体发布新闻资讯，企业进行自我宣传、营销的大平台。在微博中诞生的各种网络热词也迅速走红网络，通过微博曝光的许多密件经常成为社会舆论焦点，微博效应热火朝天。

2. 微博由盛转衰

2011 年是国内微博用户实现井喷式增长的一年，我国微博用户数达到 2.5 亿，微博花了一年时间成为近一半中国网民使用的重要互联网应用。

2013 年，微博的用户规模和使用率均出现大幅下降，微博用户规模为 2.81 亿，较 2012 年底减少 2783 万。这折射出并不乐观的微博发展情况：一方面，基于社交网络营销的商业化并不理想，盈利能力有限；另一方面来自竞争对手的冲击导致微博用户量下降。据中国互联网信息中心（CNPC）的统计报告，在减少使用微博的人中，有 37.4% 的用户转移到了微信。

尽管提供微博的门户很多，但除了腾讯微博通过一键互通功能，实现与腾讯旗下王牌产品 QQ、QQ 空间的互通，曾一度能与新浪微博抗衡外，其他微博基本都是昙花一现，甚至走向关闭的结局。2014 年 11 月 4 日，网易微博宣布将正式关闭，将用户迁移至旗下的 LOAFER，同年 12 月 5 日，凤凰微博宣布关闭。其他诸如搜狐微博、人民微博，虽未明确表示关闭微博，但是已成奄奄一息之态。用户群体主要向新浪微博倾斜，新浪一家独大的格局形成。

2014年3月，新浪微博改名“微博”二字，并于当年4月17日，正式登陆纳斯达克证券交易所，微博在已经走向下坡路的时候逆风上市。

尽管微博已经上市，但是随着微信、易信等新型移动互联网应用兴起，微博的发展受到了强烈的冲击，无论是微博用户数还是活跃人数，都呈下降趋势，业界对微博的未来也开始唱衰。

（二）微博带来传播生态的变革

尽管博客的出现在一定程度上也改变了传播生态，然而到了微博时代，才真正实现了传统传播媒介变革。无论是Twitter还是国内的新浪微博，其特点都大同小异。同样作为开放的社交化媒体，也具有兼容性和网状交叉扩散性，提高了信息传播的速度与效率，因此其给传播生态带来的变革也是相似的。

微博实现了传播主体由精英传播到平民传播、传播内容由统一生产到个性化生产、传播过程从单向到互动、传播效果呈病毒式扩散的传播态势。

首先，在传播主体上，微博赋予了每个注册微博的用户传播的权利和机会，实现了传播的大众化。以往被大众媒介所掌握的传播权利被下放，在这种环境下能明显提高传播者的自主性。而且传受双方之间的界限被打破，传者既是受者，受者也可以成为传者，二者之间交错融合。

其次，传播的内容发生了改变。在传统媒体环境下，大众媒介对信息有一个取舍和加工的“把关人”过程，是一种统一生产的内容。而在微博环境下，普通用户发布微博几乎是零门槛，用户可以自己创作内容，微博上的热说事件往往还能吸引大众媒介跟进报道。但是，零门槛的发布方式也使得微博平台上的内容碎片化，缺乏规范和严谨，甚至内容失真或不符合社会规范，造成网络谣言。

再次，传播过程也发生了改变，传统的传播环境下，传者向受者的传播过程是一种单向流动、点对面的传播。微博的出现则提供了一种以互动和交流为突出优势的新的传播平台。传播的主体和传播的客体之间可以通过微博的转发、评论、点赞、私信等功能进行及时的、点对点的交流和互动。并且在微博平台上，由于微博用户可以添加自己的观点后进行转发，因此微博信息除了一对一、一对多的传播外，还可以实现多对多的传播，微博实现了人际传播和大众传播的结合。

最后，传播的效果也发生了改变。其一表现为传播的病毒式扩散效果，微博突破了时间和空间的限制，使得信息的发布、传播都非常迅速、高效，甚至能产生病毒式的扩散效果。其二则表现在微博语境下，传播的客体不再全盘接受所有信息，而是具有了质疑的可能。一旦他们对微博中的某些信息抱有怀疑态度时，他们可以直接评论或转发表达自己的不同观点，甚至通过自己的例证去否定权威。

（三）微博提升公民话语权

微博的兴起削弱了传统媒体舆论控制的能力，提升了公众的话语权，从而建立起媒介话语的新秩序。

话语权有两层含义："话语权利"和"话语权力"，简单来说就是表达自己意见的"权利"和自我表达的影响力。后者隐含着一种一定要达到某种效果，使"权利"得到保障的含义。

媒介的形态与结构和话语权之间关联紧密，甚至可以认为谁掌握了媒介，谁就掌握了话语权。互联网的自由性、平等性、开放性、交互性和匿名性，为人们广泛参与公共事务、发表政治意见和表达自我的利益诉求提供了一个交流的平台，使公民话语产生的土壤更加肥沃。尤其是在微博兴起的互联网媒介环境下，传统媒体对话语权的绝对垄断地位被打破，话语间互动的维度、频度、广度和深度都发生了深刻的变化。

传统媒体控制话语权的一个很重要的手段就是议程设置，传统媒体环境下，是媒介议程影响公众议程；然而在新媒体环境下，网民的讨论热点一旦成为社会讨论的焦点，媒体出于追逐社会热点的职业本能，就会对这些网民讨论的焦点话题跟进报道和考证，也就是说公众议程会反向影响媒介议程。这就直接对传统媒体话语权的作用机制之一形成了直接的冲击。

在新媒体冲击的环境下，传统媒介在捍卫话语权上处于相对被动招架的状态。我国的媒介组织，作为宣传体系下的一环，受到来自政治体制上的束缚，加之商业因素的压力，不能很好地履行社会监督角色，因此在公众心中的公信力不断下降，这必将导致媒介话语权处于极大的被动局面。

然而，微博并未真正改变传统微博的意见领袖的形成机制及其影响。整个媒体系统中的话语权仍属于既有的意见领袖，草根的话语只是得到了更大程度上的彰显而已。

一方面，微博上影响力比较大的媒体账号，大多来源于现实中的既有媒体。因为微博是一种用户主动关注机制，这使得意见领袖的门槛被提高，传统媒体或来自传统媒体的记者所管理的微博号，更加能够赢得用户的信任和青睐。微博意见领袖对传统媒体的依附，会提升既有意见领袖的地位，非但没有使既有意见领袖失去话语权，反倒加强了其话语权。

另一方面，虽然草根的话语权得到一定程度的放大，但是草根用户的微博在信任度、扩散程度、影响力上都无法跟传统的意见领袖相抗衡。加之草根用户信息量不足，在信息内容的把关、信息传播方面缺乏专业性上的优势，导致仅有的部分草根用户能成为微博上的意见领袖，而绝大多数草根用户仍然只能维持其草根身份。

（四）微博的负面性与治理措施

微博的快速发展虽然带来一系列可喜的变化，却也带来一系列新的社会问题。

微博发布主体繁多、信息不定量也没有明确的目标定位，在海量信息面前，受众难免会产生“选择困难症”。此外，由于微博发布的低门槛，可能会导致海量信息中夹杂着虚假、非理性、煽动性的言论，使其成为垃圾信息、虚假信息的收容站。

在微博场域下，下放的话语权使得网上的信息精华与糟粕并存；微博的传播广度之大、传播效率之快，也会成为谣言的催化剂，加快假新闻传播的速度；微博碎片化的表达方式，可能导致在传播过程中信息失真，成为假新闻滋生的温床。虽然针对网络谣言，目前有微博的官方辟谣和一些专业人士出来“打假”，但是在此之前网络谣言早已弥漫网络，会造成极其恶劣的社会影响。

此外还有网络暴力的泛滥。既包括对他人毫无来由的诽谤和泄露隐私，也有漫天的网络谩骂。微博的低门槛发布、转发和评论机制使得很多无辜者被丑化、玷污清白，使陷于舆论漩涡的人遭受无穷无尽的网络谩骂，甚至被逼关闭评论或者清空微博。尽管早在 2013 年 9 月，“两高”就已出台司法解释规定“同一诽谤信息实际被点击、浏览次数达到五千次以上，或者被转发次数达到五百次以上的，应当认定为诽谤行为，情节严重”，从而为诽谤罪设定了非常严格的量化的入罪标准，然而在具体执行中该法规的操作性和现实性却大打折扣。

针对微博可能导致的一系列社会问题，更需要规范化的、可操作的新媒体管理体系的出现。

首先，需要优化目前的网络治理模式。合理的网络监管体系应该是多方参与的治理，需要有政府层面的行政管理条例、互联网行业的行业治理体系、微博平台的把关人角色担当、网民自身素质的提升和社会监督的参与。这离不开相关微博内容管理条例和自律规章的建立，也离不开网民自身媒介素养的提高。只有多方的参与和合作，完善政府、企业、社会、网民这四者之间的协商对话，建立良性互动机制，才能优化现有网络治理模式。

其次，要建立网络舆情的预警系统。利用网络搜索引擎技术和网络信息过滤技术，实现对“与己有关”的网络舆情监督管理的需要，最终形成舆情简报、舆情专报、分析报告，为决策层全面掌握舆情动态，建立网络舆情应急处理工作机制提供舆情预警和分析依据。

再次，强化网络舆论引导机制。一方面，要发挥出政府微博主动引导舆论、拉近与网民距离、满足民众表达诉求，为官民交流创造渠道和途径的功能；另一方面，要培养一批微博意见领袖，利用他们在公共舆论事件上影响青年社会心理和公众舆论走向，以建构网上舆论引导的主动权，实现虚拟社会管理的科学化。

最后，要依靠传统媒体的力量，合理利用传统媒体的公信力和影响力，在微博环境中辟谣与扬善，弘扬主旋律。

四、微信:“连接一切”的移动平台

无论是博客还是微博，都是模仿国外类似产品进行中国化以后的产物，没有原创性。而微信的出现，则是一种新兴的“中国式互联网产品”，对于中国互联网的发展具有非比寻常的意义。

微信诞生于2011年，截至2015年5月13口，微信已经覆盖中国90%以上的智能手机，当之无愧地成为移动互联网时代的霸主。它的出现不仅动摇了微博的王者地位，而且也进一步推动了移动互联网的发展，创新了企业的营销方式。

（一）微信公众号

微信公众号是商家、媒体或者个人在微信公众平台上申请的应用程序账号，通过它可以实现与该公众号的订阅用户之间的文字、图片、语音、视频的全方位沟通和互动，可以说微信公众号的出现改变了企业的营销方式，已发展成为一种主流的宣传和营销方式。

1. 微信公众号的运营方式

微信5.0版本发布以后，微信公众号被区分为订阅号和服务号。订阅号每日可以群发一条消息，且所有订阅号将被折叠在一个订阅列表中，不再有群发提醒，未认证的订阅号不可以自定义菜单；而服务号群发的消息会出现在用户消息列表中，不用认证即可免费申请自定义菜单，但是每月只能群发 4 条信息。

作为微信商业化的重要环节，微信公众号在连接商家和用户上充当着重要的桥梁作用。针对公众号，微信也逐步开放了很多重要的接口和功能，比如微信支付接口、微信小店、智能硬件接口、账号体系、打通 APP 等，一步步完善着公众号的生态体系，使其能成为“连接一切”的平台。

微信公众号的运营主体除了传统媒体、企事业单位外，还有一批在移动互联网时代兴起的媒体人（大多从传统媒体转型或兼任）截至 2015 年第一季度末，微信公众平台已经拥有超过 800 万的公众号，微信公众号已经成为企业营销的一种热门新选择。

传统媒体的微信公众号因其原有阅读群体广泛，内容运营的专业性强，是用户订阅和阅读的重要来源。目前，国内主流媒体大都采用“订阅号”的模式进行运营，主要有“以信息推送为主”和“构建用户系统，试水微信营销”两种营销模式。

第一种模式，主要还是采取传统媒体“内容为王”的策略，通过在微信公众号每天向订阅用户推送媒体生产的原创资讯或转载的资讯来吸引粉丝关注，以维系和打造自身在移动互联网时代的影响力。一般而言，这些公众号的推送内容是精心挑选以后的能吸引用户的，也有刊物内容的简介，吸引用户去购买杂志的，如《南都娱乐周刊》。虽然这种模式的公众号也会涉及跟订阅用户的互动，但是在社交关系的搭建、企业营销上还较弱。

第二种模式，则开始用互联网思维尝试构建新的用户系统，将微信视为新型营销工具。其中具体的做法又包括：一是要求用户关注微信并且被图分享至朋友圈来抽奖或者通过朋友圈集赞，给予一定的奖励，这是大部分微信公众号开办之初为了吸引粉丝常用的手段；二是认证的微信订阅号或者服务号可以通过自定义菜单栏，跳转到相应的期刊订阅或者商品购买的网页；三是软文广告营销，通过结合自身账号定位在推送消息内植入商家信息获取商家的广告费用；四是自愿付费成为会员或者为作者打赏，让用户自愿“打赏”是目前比较常见的一种方式。

2. 微信公众号的局限与突破

在微信公众号如火如荼的背后，仍然存在不少局限。诸如内容同质化，缺乏品牌个性；运营思路老套，互动性和社交性不够；受限于微信平台的功能限制，比较被动等。

微信公众号推出至今，已然走过了涨粉的红利期，订阅用户对公众号的敏感程度明显下滑，订阅图文信息的点击率也在下降，这说明微信公众号的运营亟须往精细化方向发展。

一方面，要突破内容逐渐同质化的情形。微博一度走向衰退的一个重要原因也是因为同质化信息越来越多，垃圾信息的价值低，同质化的冗余消息让用户产生审美疲劳。虽然微信公众号上传统媒体的账号，可以有丰富的原创内容作为支撑，但是因为对新闻事件的报道角度区别不大，就容易导致内容上的同质化出现。因此，媒体的公众号需要体现媒体品牌的个性与价值，善于从不同角度去分析新闻事件，给订阅用户耳目一新、不可替代之感。

另一方面，要转变运营思路，用互联网思维去改进运营方式，真正做到从用户出发，善于利用微信公众平台的用户分析和图文分析数据，掌握用户阅读微信公众号内容的习惯和偏好，才能有的放矢。

（二）微信与移动互联网生活方式

微信的出现，不仅改变了人们的交流方式，而且还对人们的生活方式产生了深刻的、持续的影响。

微信被互联网行业视为是腾讯公司抢占移动互联网入口的一张船票。在互联网经济中，信奉的是“渠道为王”，认为只要抢占到了用户，就能把应用和服务分发出去，从而谋得利润。作为腾讯公司布局移动互联网的重要一环，微信“连接一切”的野心就已经彰显出微信不仅仅只是一个通信工具那么简单，而是要做用户在移动互联网时代的服务平台。

此外，腾讯公司入股滴滴打车、大众点评、京东等企业，并将其服务接入微信平台中，完善了微信对人们生活服务、020服务和网络购物等方面的支持。可以预见在不久的将来，微信支付将成为现实生活中的重要支付手段，而微信所搭建的移动生活方式，也将彻底改变人们长久以来的生活习惯。

第三节　移动通信媒体发展

移动通信媒体的产生，改变了新闻生产方式，构筑了媒介融合的平台，重塑了人们的生活方式，搭建起人类社交平台和智能化生活方式。

一、移动通信媒体的产生及意义

移动通信媒体，指的是通过移动终端（手机、平板电脑及其他手持终端）连接互联网，来获得海量资讯和服务的媒介。

（一）移动通信媒体的产生

移动通信媒体的产生、发展离不开移动通信技术的进步、移动终端硬件的普及、移动应用软件的丰富以及移动互联网用户规模的增长。

1. 移动通信技术的发展

2009年是移动互联网发展历程中的关键点。这一年，3G通信获得正式牌照，手机网民规模达到2.33亿，占网民总体的60.8%。3G业务实现了计算机、通信、消费电子和内容的融合为移动通信媒体的发展提供了技术保障。

2013 年 12 月 4 日，工业和信息化部正式向国内三大电信运营商中国移动、中国联通、中国电信发布了 TD-LTE 制式牌照，标志着我国 4G 时代的大幕拉开。4G 时代的来临，不仅网络速度得到大幅提升，数据流量的价格也得以降低，通过移动互联网能够实现的应用场景越来越多，尤其是网络视频的发展迎来了春天。

根据工业和信息化部（工信部）数据显示，截至 2015 年 4 月，我国移动电话用户的总规模已经达到 12.93 亿户，其中 3G/4G 用户总数达到 6.44 亿户，3G / 4G 技术正快速席卷与改造移动通信行业，在技术层面保证了移动互联网向前推进。

2. 移动终端硬件的普及

终端设备对上网支持程度的逐步完善也对移动通信媒体的发展起重要作用。

2007 年，第一代 iPhone 的发布，标志着智能终端序幕的开启。此后 iPhone 不断升级换代，智能机的技术工艺也得以不断提升，手持智能设备的问世也扩展了移动智能终端的格局。

在国内市场，电信运营商推出的“充话费送手机”或“购手机送话费”等活动也进一步刺激了智能手机用户的增长。国内的智能手机竞争相当激烈，市场经常陷入价格战或配置战中，千元以下的智能机市场火爆异常，各智能手机终端厂商的“饥饿营销”手段经常引发抢购狂潮，其中又以主打性价比的小米和华为表现最为醒目。目前市场上的主流手机终端已基本都是大屏幕、支持高速上网服务的智能手机，2014 年中国的智能手机用户首次超过 5 亿，预计在之后几年将保持高速增长，到 2018 年有望超过 7 亿智能手机用户量。

移动终端的普及为移动互联网的发展提供了硬件支持，终端工艺和技术的提升，也必将提升移动互联网用户的使用体验。

3. 移动应用软件的丰富

移动应用软件，主要指的是智能手机的第三方应用程序，通过第三方应用程序，能为用户提供多元化、全方位的移动互联网应用和服务。

目前，比较热门的移动应用主要有即时通信工具、搜索引擎、移动地图、移动支付工具、移动视频、新闻客户端、移动音乐、移动游戏、移动电子商务等类型，移动应用往往成为互联网公司争夺用户的人口，竞争激烈，因此各类型的应用层出不穷，使得移动互联网的服务和功能愈来愈丰富多彩。

（二）移动通信媒体的发展阶段

移动互联网的发展主要有四个阶段，包括了雏形阶段、起步阶段、发展阶段和成熟阶段，目前已经进入成熟阶段。

2000 年以前是移动互联网形成的雏形阶段，移动梦网的推出是其最初的雏形。但是当时的移动梦网只是基于 Web2.0 时代浏览器的一种产物，还是一个封闭的系统，当时的应用都比较简单，主要满足信息浏览和搜索、简单的通信功能。

2001 年到 2006 年，是移动互联网的起步阶段。在这个阶段，出现了很多移动 SP（Service Provider，服务提供商，一般指电信增值业务提供商），这类厂商作为独立门户的出现，使得移动互联网得以快速发展，在这阶段很多 SP 通过与门户网站的合作获得了盈利，移动增值市场的用户和收入也不断提升，但这一时期的主要应用也以获取资讯和搜索信息为主。

从 2007 年智能手机的推出到 2009 年 3G 牌照发放，是移动互联网的发展时期。在这一阶段，智能手机开始逐渐普及，移动通信技术不断优化，移动数据流量的资费也开始快速下降，用户对于移动互联网也逐渐熟悉。在这一阶段已经出现了不少独立的移动应用，手机音乐、手机阅读、手机游戏、手机电视等种类的应用不断出现、丰富和普及。

2010 年至今是移动互联网的成熟期，移动互联网的发展进入快速发展期，互联网服务商全面接入，移动终端制造厂商也开始通过内置软件或力建生态加入移动互联网领域，电信运营商也通过与互联网服务商或移动终端的制造商合作，抢占移动互联网市场，用户对移动互联网的依赖程度进一步加深。整个市场在多方参与者的推动下取得了飞跃式的发展，涌现了大量具有移动互联网特点甚至是颠覆传统互联网、传统行业的应用。

二、移动通信媒体的发展推进媒介融合

移动通信媒体的发展改变了新闻生产方式，推动着媒介融合的进程。

1. 移动通信媒体改变新闻生产方式

移动通信媒体的出现改变了传统的新闻生产方式，出现了全民记者化。普通的移动互联网用户，可以通过移动智能设备，即时记载、拍摄生活中发生的突发事件，上传至微博或朋友圈，通过社交圈中的人际传播和转发机制，让突发事件得以呈现在大众面前，成为“业务记者”。

“全民记者”的出现也促使传统媒体的记者必须具备快速获取信息关键词和进行信息整合、处理的能力，以专业性来保证自身的影响力。传统媒体更需要依靠多年积累而来的影响力、独特的新闻视角和鞭辟入里的新闻解读能力，保持并突出自身专业内容和原创优势。同时，还要适应新环境下用户需求的变化和多元化的特点，转变内容运营的思维，实现从传统的新闻思维到以产品思维、服务思维、数据思维和互动思维为中心，即互联网思维的转变。

除了提升专业新闻生产能力以外，传统媒体也应适应互联网快速发展的特点，利用云端存取和挖掘大数据等手段，改变新闻采写方式，用结构化数据来进行新闻的采写，融入新媒体技术和移动终端的特点创新新闻的呈现方式，比如图说新闻、数据可视化新闻和基于移动端浏览特点的 Html5 格式的新闻专题，这样才能保持对用户的吸引力。

2. 移动通信媒体发展促进媒介融合

在移动互联网发展日新月异的当下，媒介融合的趋势已不容逆转，传统媒体和新媒体的融合也进入了新的历史阶段。

从根本上讲，媒介融合的主导因素有两个。一是技术因素，提供创新和体制机制调整的动力；二是用户需求，提供媒介融合的市场。成功的媒介融合形态正是充分利用技术的推力，沿着满足受众用户需求的角度逐步推进。

对传统媒体而言，要更好地在移动互联网时代发展和生存，就必须要以积极的心态迎接互联网。不少传统媒体虽然叫嚷着要进行媒介融合，但是实际上只是想采取“传统媒体为体，新媒体为用”的方式，不改变传统媒体的根本体制和运营模式，而是借助新媒体渠道去获得信息发布的新路径，只是在原有运动模式的基础之上画延长线，这并非真正的媒介融合。

移动新技术的发展，为传统媒体和新媒体之间的媒介融合提供了技术创新的动力和保障。传统媒体应该合理利用移动新技术，不再将移动通信媒体视为一种工具，而应该是与之融合的主体，把移动互联网当基础，当运作的基本逻辑，在内容生产和营销行为上考虑移动互联网的规则和机制，致力于建立有影响力、公信力和权威性的内容，然后利用新媒体平台和资源将内容最大限度地分发出去，获得内容方面的机会，弥补链接的短板。

传统媒体在进行媒介融合的过程中，还必须坚持以用户为中心的思维来进行指导。在互联网时代，强调的是用户为王，用户的体验、用户的喜爱程度直接关系到一个产品或企业能否获得好的发展。因此媒介融合要求传统媒体改变以往高高在上的姿态，需要从为用户解决问题的服务思维上着手，真正使得自身的信息发布有价值；需要利用互联网数据和自身积累的数据进行严谨分析，挖掘用户需求；需要加强跟媒体内容的用户之间的互动，彻底抛弃高高在上的自得感和不重视“受众”的想法，将“受众”当作“用户”对待，生产真正符合用户口味的内容。

此外，在跟媒介相关的其他要素方面进行汇聚和融合也是必不可少的，包括媒介的形态、媒介功能、媒介传播手段、媒介的资本所有权和组织架构等。在节点众多的媒介融合的产业链上，传统媒体绝不能仅仅满足于做好一个内容提供商的本分，而应该努力学习、吸纳新媒体的技术特性，往产业链的上下游方向延伸。

三、移动互联网搭建社交平台

移动互联网的发展为用户塑造了新的生活方式，搭建社交平台，智能化和娱乐化也成为移动互联网用户的生活新体验。

智能手机的发展，使得人们的交流可以突破时间、空间的限制，实现随时随地的联系。通过各种第三方应用软件，可以与远方的同学、朋友、亲人甚至陌生人共享文件、音乐、图片和资讯。微博、朋友圈等基于熟人关系的社交网络的兴起，以及陌陌、探探等基于陌生人交友的社交软件的风靡，让移动互联网时代的虚拟社交越来越成为人们生活的重要方式。

社交性又带来新的内容生产和传播方式。甚至可以说，社交性已经成为当今新媒体内容发布的起点。用户化身为社会化媒体的主角，他们利用社会关系来进行新闻信息内容的生产、传播和接收。无论是进行原创内容的创作，还是对已有内容或专业媒体内容的加工、整合，都是基于用户自身的兴趣和需求而来的。由于拥有较稳定的社交关系，因此他们往往可以使得自己原创或加工的内容更容易得到受众的认同，也就更加容易实现广泛传播。基于社交关系的黏性和可能性，也兴起了许多新型的营销方式，如微商等。

此外，智能化的穿戴设备也给了移动互联网用户新的体验。谷歌公司2012年发布了一款“拓展现实”眼镜——Google Project Glass，这款眼镜具备和智能手机一样的功能，可以通过声音控制拍照、视频通话和上网等，这款智能设备的出现也带动了一系列可穿戴设备的研发。像小米公司发布的小米手环可以监控睡眠状态和运动情况，还有 iHealth，Uwatch 等定位与记录生活习惯、进行健康管理的智能腕表等。

可以看到的是，此后智能化的设备将越来越多，而这一切必将推动人们的生活进入智能化体验的新时代，从而改变人们的生活方式。

不可否认，在移动互联网时代，娱乐仍然有着重要的地位。随着移动智能终端的不断革新，通信技术的支持和数据流量资费的下降，人们对网络视频、网络阅读、网络游戏的需求量也在不断提升，主打休闲时间的移动游戏如“天天爱消除”“全民打飞机”等都曾风靡一时。并且随着移动智能终端性能的提升，一些大型游戏也可以在移动端进行，这使得娱乐化趋势在移动互联网时代也十分明显。

第三章　新媒体生态、产业链与发展

纽约大学的尼尔·波斯曼在创立媒体环境学时指出“人生活在两种不同的环境里，一是自然环境，其构成要素是空气、河流和毛毛虫；二是媒体环境，其构造成分是语言、数字、全息图，还包括一切符号、技术和机器。这些构造成分是人之所以成为今天这个样子的原因。”可见要研究新媒体管理就必须要研究媒体环境，而媒体环境是文化、科技与人类传播的共生关系。媒体环境学研究的重点是媒体系统，媒体结构冲击和形式影响，其结构和形式不仅相互作用，而且它们还与技术、社会、政治、经济和文化进行互动。由此，我们可以认为新媒体构造了一个虚拟的生态环境，不同类型的行业作为种群在共生共长。分析新媒体环境就成为了解新媒体系统成长演进的重要前提。

第一节　新媒体生态三度空间

一、媒体双模型理论

下面我们根据国际学术界的媒体双模型理论来构建三度空间模型理论，从而将传统媒体生态理论扩展到新媒体时代。

国际学术界在对传统媒体只进行了二度空间的解析，形成了双模型理论。所谓双模型理论，一是从产业经济学的理念来衡量媒体商业利润的成功程度——满足受众作为消费者的经济利益，被称为媒体的市场模型；二是从社会学的民主社会理念来衡量媒体社会效益的成功程度——满足受众作为公民的公众利益，被称为媒体的公共领域模型。

市场模型假设认为社会的需求能够通过相对自由的、基于需求关系交换过程来实现。这种模型将媒体视为如同其他商品和服务一样。它指出只要竞争条件存在，追求利益的商业一定能够最终满足人们的需求。市场模型认为在媒体市场中无须政府或其他监管机构来调节，也不需要制定规则，市场的供应商和消费者的竞争会自由调节相互的利益，以保证生产效率的提高、供需的平衡、刺激创新和促进媒体产业发展。

公共领域模型认为社会需求并不能在市场系统内被完全满足，由于市场是以消费者的购买能力为基础，常常制造社会中的不平等，并且以利润最大化为原则，无视道德，它与理想状态的民主，即“一个公民，一张选票”存在很大差异。另外，公共领域模型认为有很多社会需要是不能被市场供求动态所满足，它还主张由于健康的民主尤为重要，所以媒体内容绝不能仅仅被认为是一种商品，其他公共利益的标准，例如多样性和充实性就更加被广泛地用于评价媒体的运作。从这种角度看，政府扮演着一个非常必要的角色以确保媒体满足广大公众的利益，而不仅仅是消费者的利益。这个模型设置了一个开放的大众传媒，从而可以被更多的人所接受，而不被政府或商业集团所控制，保证信息的自由流通、为公众对话和利用媒体提供社会空间，从而促进民主化进程和服务于公众利益。

作为国民经济的有效组成部分，媒体一方面对经济总产值有直接贡献，另一方面对商业信息的传播也带来了巨大的间接贡献，而这两者的贡献都取决于媒体的经济功能商业化的程度，同时媒体是公共领域的管理者，有责任提供充足的信息，以便使民主选择和公众参与民主程序变得更真实。

因此所有的体制都是在解决媒体发展过程中，如何将市场产业功能和公共领域管理功能发挥得更好，满足不同的利益需求。

对于双模型的内在矛盾，只要从媒体规制角度分析，就一目了然，因为市场产业化管理要放开管制和规范，而公共领域管理则需要较为严格的管制和规范。在这个方面社会学媒体观揭示了本质：为了公众利益，传媒公司应该多样化，唯有如此才能保证很多不同的团体及政治观点都有发言的机会。但是，如果限制什么公司可以开展什么业务，以及可以使用何种形式进行有效的商业决策，因而会影响传媒业的繁荣和发展。因为传媒产业是现代经济部门中发展最快的部门之一，所以一个国家如果对传媒管制过多，很快会落伍于时代。而传媒产业集中化程度很高，传媒公司就会主宰市场，不仅威胁了正当的竞争，同时也威胁民主的制度——因为媒体的所有者不是选举产生的。

用双模型理论可以分析近百年来媒体系统，其经营和管理是在公共领域和市场领域平衡发展的，这也是传统媒介环境的主要特征。到了新媒体时代，由于网络媒体的发展结果，特别是Web2.0网站的突飞猛进，个人领域获得极大发展，从而诞生并不断壮大的个人空间或称作个人领域。因此，我们认为新媒体系统已成为三度空间的生态环境，客观上也就形成公共空间、市场空间和个人空间的三度空间模型图景。

二、个人空间传播学理解

传播学理论认为，个人空间属于人内传播，是自我传播形式，是指个人在人体内部对接收自外部的信息进行处理的活动。内向传播相当于“思考”，即所谓主我（I）和客我（me）的对话。人内传播这种传播形式既是出于人的自我需要，也是出于人的社会需要，是人为了及时对周围变化了的环境做出适应而进行的自我调节，同时也是在环境中不断强化自我，并且改造或影响环境。它通过人的视觉、听觉、味觉、触觉的协调，对客体进行回顾、记忆、推理、判断和反馈。一切发生于人体内部的信息交流都是人的内向交流，在这种交流过程中，I 和 me 进行自由沟通以达到自我的内部平衡调节，通过这种思维活动进行正常的信息编码，以保证人类其他传播活动的正常进行。人的内在传播很明显具有心理学和信息处理的信息学特征，内在传播过程实质就是人的思维过程。人需要有一个属于自己的“神圣小天地”，这个“小天地”很大一部分其实是人脑信息库。人脑中内储信息的多少在很大程度上决定着人的内向交流的活跃程度，而这种小天地只有跟社会交流才能形成个人内向交流活跃的结果。既然人是社会的一份子，就必然不可能完全独立于他人和社会而单独存在。人对自然和社会都需要有一个渐进的认识过程，这一过程中要有不断的思考和摸索。当个人与群体、个人与社会发生冲突时也需要进行思考和反省。人在社会化的过程中了解他人和自己，并不断发展和完善自我。因此，人离不开内向传播这种形式，而且人的内向传播过程不是孤立的内在处理过程，它的两端即信息的输入和输出都与外部环境保持着连接。虽然表现为人的生理机制的活动，但其本质则是人的意识对社会实践活动的能动反映，它同人类的其他社会活动一样具有社会性和实践性，对外部世界的反应不是消极的、被动的，而是一种积极能动的行为。布鲁默是现代象征互动理论的集大成者，在 1969 年出版的《象征互动论》一书中，他提出了“自我互动”理论。这一理论认为，人能够和自己本身进行互动，这就是人的自我互动。人是拥有自我的社会存在，人认识的对象中不但包括外界和他人，也包括自身。在这个过程中，人能够对自己进行审视和认识并拥有自己的观念，也可以与自己进行沟通或传播并对自己采取行为。布鲁默指出，从本质上来说，“自我互动”是个人与他人间社会互动行为的内在化，也就是与他人的社会联系或社会关系在自己头脑中的反映。不过，这种反映并不是与他人的社会互动在头脑中的简单再现，而是具有自我的特点。即个人会在自己的立场上以自己的方式对他人期待的意义进行能动的理解、选择、修改、加工，并在此基础上予以重组。布鲁默的“自我互动”理论对我们理解社会传播与个人自我的关系有一定的帮助。从这一理论角度我们可以看出，人的传播不仅在个人与社会他人之间进行，而且在个人与自身之间进行，这就是人的自我传播，自我传播与人的其他类型传播一样，具有很强的社会性。

个人媒体又称自媒体，是学者们分析博客发展时引入的一个概念，主要是指进入门槛低，个人可以自由选择进行内容生产的发布。美国学者丹·吉尔默给自己的专著《自媒体》起的副标题是“草根新闻，源于大众，为了大众”。美国新闻学会的媒体中心于2003年7月出版了由谢因·波曼与克里斯·威理斯两人联合提出的“We Media”研究报告，对于“We Media”下了一个十分严谨的定义：“We Media”是一个普通市民经过数字科技与全球知识体系相连，提供并分享他们真实看法、自身新闻的途径。这份报告认为“We Media”改变了长此以往的新闻传播模式，随着科技进步，以往媒体由上而下由传者传播新闻给受者的“广播”模式，已经开始向新闻传者与受众改变角色的点对点传播模式转变，称之为“互播”。可见自媒体的核心是基于普通市民对于信息的自主提供与分享。

三、新媒体三度空间模型理论

公共空间模型认为社会需求并不能在市场系统内被完全满足，政府扮演着一个非常必要的角色以确保媒体满足广大公众的利益，而不仅仅是消费者的利益。

市场空间模型假设认为社会的需求能够通过相对自由的、基于需求关系交换过程来实现。这种模型将媒体视为如同其他商品和服务一样。它指出只要竞争条件存在，追求利益的商业一定能够最终满足人们的需求。

个人空间模型是人类出于本能的需求组成一个个的社区以增强生存的

可能性，而这种物质和精神的生存可能性产生了交流的愿望，一方面个人成为新媒体的分众，形成新媒体网络社会消费者；另一方面成为新媒体内容的生产者，为新媒体生产大量的新闻、资讯和娱乐。

媒体产品上的分类，如新浪博客、新浪新闻和新浪商务，对这三个空间是有比较明确的分类。在这种统一又分类的三个空间中活跃着三方面的受众主体，公众、消费者和个人用户。一方面，如果媒体只管满足消费者的利益，就会过度商业化，媒体所有权的集中以及信息娱乐并增加市场压力服务于社会精英，与公众的民主有时趋于对立；另一方面，如果媒体只追求民主的公共空间，它又会为缺少经济来源而成为强权的帮凶或无法生存；再一方面个体无政府主义的滥用没有任何法律法规的媒体管理，其诽谤、低级趣味的媒体产品也会充实在媒体共享的平台上。

然而，历史中媒体在双模型空间中的发展又证明了媒体与经济、媒体与社会、媒体与科技的共同作用产生了一个双模型的相互依赖性，这种依赖性在三度空间模型中被继承和发展。媒体的公共领域给媒体带来了公民的积极参与，也带来了大量消费者，中国报业成长的历史就是如此。在20世纪后半叶，当都市报开始大量报道民生、民主和民权的新闻，特别是开始监督政府以后，都市报的销售一下就大大超过许多机关报，获得了许多的广告来源。所以公共空间在一定的战略调整下，向市场空间转换后，便能够产生收入，以支持媒体的发展，与之相同的是在新媒体领域，免费提供各种新媒体服务，如免费搜索、资讯、博客、平台提供等，吸引了大规模的用户，而且用户参与内容制造，降低了成本，个人也成为消费者和生产者，然后再采取一些增值或广告服务，间接地获取收入，甚至在大量用户的前提下获得风险或战略投资的资金，造就了Google、新浪等新媒体公司的辉煌，可见个人空间也可以转换为市场空间。如此，我们也可以认为新媒体的三度空间模型是现代新媒体生存和发展的生态空间，不同空间存在的分裂因素是对新媒体发展的约束，而统一的空间是新媒体发展的驱动力。

第二节　新媒体产业价值链

一、传统媒体产业价值链

媒体的特征是媒体公司常常同时分别在两个截然不同的市场销售它们的产品。因为传媒行业一般是在皮卡德所指的“双重产品”市场运营。媒体公司创造两种商品，第一种是内容如电视节目、报纸、杂志文章等，它们构成了传媒公司销售的第一种形式的产品。第二种是受众如听众、观众或读者。受众又构成了第二种有价值的产品，在这种情况下接近受众的途径可以被包装和定价，然后销售给广告客户。传媒内容对于消费者的价值与它们所传达的知识和信息有着密切的关系，而不在于信息的有形载体。传媒内容的属性是非物质的，不会在消费的过程中被耗尽或损坏，但是内容是一种创意，只要人们知道了，后面的价值也就不断减少。载体如果是报纸，我们可以分析传统媒体产业链如下：媒体（如报纸）的记者从社会采集新闻或其他信息（包括与其他媒体交换）、编辑进行编辑、印务进行印刷、发行组织订阅和零售、读者购买和阅读、受众调研公司核查阅读率等评价指标、广告公司策划广告、广告业主投放广告，如果内容很受欢迎还可以衍生出版书籍或有声产品等。在这些过程中有三种收入来源：一是报纸发行收入，二是广告收入，三是衍生产品收入。

在传统媒体产业价值链中还有一些供应链上的环节，如纸张等材料供应、印刷设备供应以及部分信息的供稿等，也很重要，它们有时构成媒体产品的主要成本，如报纸的纸张，有时占报纸成本的60%，因此在媒体扩张时这些因素也是重要的一部分。

在新媒体时代，媒体产业链发生了非常大的变化，下面将讨论新媒体产业链。

二、新媒体产业价值链

新媒体三度空间模型为我们提供了不同的视角去观察和评价新媒体产业的巨大变化，只有对产业变化进行深刻理解，才能经营和管理好新媒体公司。

要对现实中已存在的新媒体做系统分类比较困难，为了经营管理的需要，从三大网络出发可以有一个清晰的认识，三大网络把新媒体分为如下类型：基于互联网可分为：电子杂志、电子书、网络视频、博客、播客、视客、群组、其他类型的网络社区等；基于数字广播网络可分为：手机电视、数字电视、车载电视、公交电视等；基于无线网络可分为：手机短信、手机 WAP 等；基于跨网络可分为：IPTV 等。这三大网络构成了新媒体的基本类别，在全球的新媒体领域都在研究并逐步实施三网合一的战略。

新媒体产业链分析也用参与主体来分析，可以跟传统媒体有一致的比较。新媒体产业通常由如下主体构成，内容提供商、软件及技术提供商、网络运营商、平台提供商、营销机构、终端提供商、受众、监测机构和企业主。

内容提供商指内容的制作者和提供者，新媒体的内容提供主要来源于三大阵营，一是专业的内容提供商：主要指提供影视、新闻、音乐的专业制作公司和传媒机构等。另两个分别是企业主和个人，后两种类型的内容提供商均以技术的发展和普及为实现基础。

软件及技术提供商指新媒体整个产业链运作中业务、资费、管理等环节的软件提供者和技术提供者。

网络运营商拥有骨干和核心网络资源，通过建立虚拟网络来进行运营服务，为平台提供商提供网络支持，网络运营商包括无线网络运营商、固网运营商、数字广播网络运营商等。

平台提供商即内容呈现和各种电子商务平台，指为网络分享、交易等服务提供网络空间、技术支持、服务支持的计算机网络系统的网络运营者，如 MySee、土豆网等。

营销机构指根据信息发布者需求，提供营销活动前期调研、营销方案制定、方案执行监督等服务，如广告公司、PR、SP 公司等。部分营销机构单独或协同监测机构提供营销活动监测及效果评估服务。

受众的概念有很大的变化，在新媒体前时代，受众指信息的接收者。在新媒体时代，受众具有信息的接收者和信息生产者双重身份。如博客、播客、微博等新媒体，使用者一边在网上写博客，一边在网上浏览其他内容。新媒体的发展是基于互动技术、搜索技术等基础实现，因此新媒体对受众技术使用、掌握以及文化素质水平提出了要求，新媒体的受众人群主要集中在上班一族和学生群体，其中上班一族多为企业管理者、技术人员等中高收入者。通过研究发现，传统媒体的受众呈现老龄化趋势和所有大众趋势，新媒体人群的消费能力远高于传统媒体。

监测机构是指提供效果评估的机构，对广告的传播效果、到达效果、用户行为等指标进行综合评估、分析，为下一步企业主营销计划提供参考。相对于传统媒体的监测机构，新媒体的监测机构涉及的监测范围传输网络多，传播行为复杂。

企业主是指使用新媒体进行营销活动的发起者，新媒体营销服务费用的提供者。企业主同时是新媒体信息来源的重要发源地，企业主进行信息发布时，一方面通过营销机构发布信息，另一方面企业主也可自己发布营销信息。

第三节 新媒体竞争优势管理

一、竞争优势理论

竞争优势是指企业相对于竞争对手而言的经营上的某种特点。只有当这种特点是竞争对手难以模仿而同时对用户又有意义时，才能称之为竞争优势。因为市场竞争归根结底是对用户的争夺，如果某种特点不能提供更多的用户价值，那么，尽管它是竞争对手难以获得的，也构不成竞争优势，因为这对企业争夺用户并不能产生积极作用。因此“竞争优势归根结底产生于企业为客户所能创造的价值”。20 世纪末竞争优势理论有了迅速的发展，其中主要的流派有：组织跟随战略学说的竞争优势观、安东尼 - 安索夫 - 安德鲁斯范式的竞争优势观、波特的行业定位战略的竞争优势观、企业资源学派的竞争优势观、学习学派及其竞争优势观、企业核心竞争力理论的竞争优势观等。

对于竞争能力优势的研究有很多理论和流派，这里我们进行简单的归纳，以便更好地理解如下竞争优势：创新、质量、速度、成本、主流化。

二、创新竞争优势

创新是一个经常使用，但含义却不明确的术语。

创新本身就是这样一个广泛的过程，创新有许多种类的细分，例如，产品、工艺、管理、技术和组织。英国贸工部在 2003 年的创新报告中指出：经济发展必须创新，并定义为“用新思路成功开发它”，它常常涉及新的技术和技术应用。增加经济的价值和增强国际竞争力，通过成功创新是贸易与工业部门的主要重点，报告强调创新成功实施的重要性和对经济规模的重大影响。

创新可以被理解为一个得到实现的创造性想法。创新可以是根本性的，如分销系统方法的改变；也可以是非常复杂的，如进入一个全新的市场。

创新的载体可能是一种产品、一个流程、一个方法或一个系统，但不能仅仅是一个想法，因为创新必须能够将创意付诸实现。

一般来说，创新才能最好地刺激市场自由，并创造、鼓励竞争。它创造新的市场和提高生产率，创造了选择和价值。与渐进和激进的建设和创新相结合的激烈竞争观念，摧毁新的和现有的商业结构形式形成“新经济”的特点，创新很重要，因为它是经济增长的主要动力。它增加生产力，提供商品和服务给市民选择，保障消费者权益。这是一种机制，新的发现和发明转化为产品，给人类带来更好的生活。

随着越来越多的创新发生，创新带来了新的科技市场，并让其他潜在的创新者利用新知识不断发展。技术环境的不断增强，使创新有更多的发展机会。

麦肯锡的最新一次全球调查表明，企业对自己应用多种指标评估创新组合的情况总体上感到满意。创新被普遍视为有机增长的重要贡献因素，这或许表明，企业认为他们的创新在总体上物有所值。这种解释与麦肯锡另一次关于创新的调查结果相吻合。有一组受访者表示，他们的有机增长率高于其竞争对手，同时表示，其有机增长至少有 31% 来源于创新。即使在目前的经济危机中，创新仍然是大多数企业的一项重要的战略优先任务，而且许多企业将创新视为增长的重要因素。

在新媒体发展过程中，大量创新带来了社会、经济、文化的新变化。以互联网为例：

首先，互联网的创新，不仅从技术上产生重大进步，互联网的结构，基于 IP/TCP 的技术标准，这种模块化结构启用灵活和持续发展不同层次的基础设施，除了增加双向互动和无限超链接功能以外，不但没有伤害媒体领域的整体可用性或不同内容的可行性，而且已经发展到没有任何直接监管的机构。

其次，互联网已成为一个大众市场，使高度专业化的内容，进入一个足够大的、潜在的受众市场，人们选择消费什么，没有进入障碍。从供应商到客户的广泛领域，互联网的产品与服务创新盛行，进入壁垒非常低（包括监管壁垒）。

再次，上网冲浪者的注意力已经增加其市场力量，特别是媒体内容可以通过 IP 交付货物（如视频点播、电子书交易等），而不仅仅是电视节目播出，观众可以选择看什么，什么时候观看。

创新能力已是新媒体时代最重要的竞争优势，所谓创新就是提供新产品或新的服务。公司必须适应消费者需求的变化和新的竞争者。当网络可以绕过传统的渠道直接到达买主时，传统的市场就必须学会如何创新以保持竞争优势。

像竞争优势的其他来源一样，创新的竞争优势来源于人才，它必须是企业的责任和战略管理目标得到恰当的管理。我们认为 20 世纪 70 年代至 90 年代的管理热潮是全面质量管理，而 90 年代后至今，全面创新管理已成为新的潮流。

三、质量竞争优势

质量的内容十分丰富，随着社会经济和科学技术的发展，也在不断充实、完善和深化，同样，人们对质量概念的认识也经历了一个不断发展和深化的历史过程。从顾客的角度出发，提出了产品质量就是产品的适用性，即产品在使用时能成功地满足用户需要。用户对产品的基本要求就是适用，适用性恰如其分地表达了质量的内涵。

这一定义有两个方面的含义，即使用要求和满足程度。人们使用产品，总对产品质量提出一定的要求，而这些要求往往受到使用时间、使用地点、使用对象、社会环境和市场竞争等因素的影响，这些因素变化，会使人们对同一产品提出不同的质量要求。因此，质量不是一个固定不变的概念，它是动态的、变化的、发展的；它随着时间、地点、使用对象的不同而不同，随着社会的发展、技术的进步而不断更新和丰富。

用户对产品的使用要求的满足程度，反映在产品的性能、经济特性、服务特性、环境特性和心理特性等方面。因此，质量是一个综合的概念。它并不要求技术特性越高越好，而是追求诸如性能、成本、数量、交货期、服务等因素的最佳组合，即所谓的最适当。

JSO9000、20000 国际标准中对质量进行了定义，质量是一组固有特性满足要求的程度。其中的含义包括如下几个方面：

（1）国际标准对质量的载体不作界定，说明质量是可以存在于不同领域或任何事物中。对质量管理体系来说，质量的载体不仅针对产品，即过程的结果（如硬件、流程性材料、软件和服务），也针对过程和体系或者它们的组合。也就是说，所谓“质量”，既可以是零部件、计算机软件或服务等产品的质量，也可以是某项活动的工作质量或某个过程的工作质量，还可以是指企业的信誉、体系的有效性等。

（2）定义中特性是指事物所特有的性质，固有特性是事物本来就有的，它是通过产品、过程或体系设计、开发及其后之实现过程形成的属性。例如：物质特性（如机械、电气、化学或生物特性）、感官特性（如嗅觉、触觉、味觉、视觉等感觉测控的特性）、行为特性（如礼貌、诚实、正直）、时间特性（如准时性、可靠性、可用性）、人体工效特性（如语言或生理特性、人身安全特性）、功能特性（如飞机最高速度）等。这些固有特性的要求大多是可测量的。当然，事物还有其他的特性，如赋予的特性指某一产品的价格等，它们并非是产品、体系或过程的固有特性。

（3）满足要求就是应满足明示的（如明确规定的）、通常隐含的（如组织的惯例、一般习惯）或必须履行的（如法律法规、行业规则）的需要和期望。只有全面满足这些要求，才能评定为好的质量。

（4）顾客和其他相关方对产品、体系或过程的质量要求是动态的、发展的和相对的。它将随着时间、地点、环境的变化而变化。所以，应定期对质量进行评审，按照变化的需要和期望，相应地改进产品、体系或过程的质量，确保持续地满足顾客和其他相关方的要求。

（5）“质量”一词可用形容词如差、好等来修饰。在质量管理过程中，“质量”的含义是广义的，除了产品质量之外，还包括工作质量。质量管理不仅要管好产品本身的质量，还要管好质量赖以产生和形成的工作质量，并以工作质量为重点。

对于新媒体的质量概念通常是使用ISO9241–11国际标准中可用性标准，其中主要内容有：可用性是交互式IT产品/系统的重要质量指标，指的是产品对用户来说有效、易学、高效、好记、少错和令人满意的程度，即用户能否用产品完成他的任务，效率如何，主观感受怎样，实际上是从用户角度所看到的产品质量，是产品竞争力的核心。国际标准对可用性作了如下定义：产品在特定使用环境下为特定用户用于特定用途时所具有的有效性、效率和用户主观满意度。其中有效性：用户完成特定任务和达到特定目标时所具有的正确和完整程度；效率：用户完成任务的正确和完整程度与所使用资源（如时间）之间的比；满意度：用户在使用产品过程中所感受到的主观满意和接受程度等。三个方面是最重要的质量指标，所有新媒体产品与服务都是在此进行竞争或自我追求更好地发展。

四、速度竞争优势

速度通常是竞争世界区分赢家和输家的因素，你比对手快，你就生存就发展。在新媒体产业，由于平台的集聚放大效应，每个网络空间、网络社区，每种商业模式，由于新媒体业务是在流动的空间中进行，没有地域概念，所以常常只有前几名的新媒体商家才能生存，所以没有速度，就没有价值。

新媒体时代的经济法则莫尔定律的揭示，进一步说明了速度的重要性。莫尔定律认为，网络技术改变了传统经济的变化速度，网络经济是按照“因特网时”的速度运转的，计算机处理能力每 18 个月就翻一番。由于这个定律首先是由美国英特尔公司的戈登·莫尔提出并应用，因此被称为“莫尔定律”。到了互联网发明之后，其速度更快，“因特网时”成为衡量技术经济的速度标准，成为网络经济的变化速度，它是以小时为计量单位的，这已接近人类能够吸收信息并做出决策的能力极限。通常 7 年相当于因特网时的 1 年。在因特网时，每 3~5 年就是一个网络经济时段。一种产品在 3~5 年里就会达到主流饱和状态。

五、成本竞争优势

成本是商品经济的价值范畴，是商品价值的组成部分。人们要进行生产经营活动或达到一定的目的，就必须耗费一定的资源（人力、物力和财力），其所费资源的货币表现及其对象化称之为成本，随着商品经济的不断发展，成本概念的内涵和外延都处于不断的变化发展之中。它有以下几方面的含义：

其一，成本属于商品经济的价值范畴。即成本是构成商品价值的重要组成部分，是商品生产中生产要素耗费的货币表现。其二，成本具有补偿的性质，它是为了保证企业再生产而应从销售收入中得到补偿的价值。其三，成本本质上也是一种价值牺牲。它作为实现一定的目的而付出资源的价值牺牲，可以是多种资源的价值牺牲，也可以是某些方面的资源价值牺牲。其四，从更广的含义看，成本是为达到一种目的而放弃另一种目的所牺牲的经济价值，在经营决策中所用的机会成本就有这种含义。

人们在生产和生活过程中不断地追求过程的增值或有效性结果，并为此付出代价，这种代价是组织或个人为一定目的所付出，这就是成本的目的性。成本法则告诉我们，成本一定在过程中发生。如生产成本是在生产过程中发生的；销售成本是在销售过程中发生的。有些组织的过程不直接增加经济价值（如政府的行政管理过程），那么，它们所发生的成本是为了结果的有效。任何组织或个人活动其过程都是为了增值，都在追求结果的有效性。过程是将输入转化为输出的系统。过程是一个广义的概念，任何一个过程都有输入和输出，输入是实施过程的基础、前提和条件；输出是完成过程的结果，输入和输出之间是一种增值转换，过程的目的就是为了增值，不增值的过程没有意义。为了实现输入和输出之间的增值转换，要投入必要的资源和活动。所以，我们说的成本是在过程中（输入和输出转化中）的一组资源消耗的总和，是换取过程增值或结果有效的代价。

因此，在任何市场上，低成本能够带来更强的竞争优势，是企业成功的标志之一。迈克尔·波特在研究竞争战略时形成的三大经典战略中，总成本领先战略成了重要的市场法则，成本领先要求坚决地建立起高效规模的生产设施，在经验的基础上全力以赴降低成本，抓紧成本与管理费用的控制，以及最大限度地减少研究、开发、服务、推销、广告等方面的成本费用。为了达到这些目标，就要在管理方面对成本给予高度的重视。尽管质量、服务以及其他方面也不容忽视，但贯穿于整个战略之中的是使成本低于竞争对手。一个公司成本较低，意味着当别的公司在竞争过程中已失去利润时，这个公司依然可以获得利润。

赢得总成本最低的有利地位通常要求具备较高的相对市场份额或其他优势，诸如与原材料供应方面的良好联系等，也可能要求产品的设计要便于制造生产，易于保持一个较宽的相关产品线以分散固定成本，以及为建立起批量而对所有主要顾客群进行服务。总成本领先地位非常吸引人，一旦公司赢得了这样的地位，所获得的较高的边际利润又可以重新对新设备、现代设施进行投资以维护成本上的领先地位，而这种再投资往往是保持低成本状态的先决条件。

新媒体经营也不能例外，而且有许多变化值得人们关注。大量新媒体公司是轻资产公司，如阿里巴巴，它采用电子商务，没有存货、没有仓库、没有销售队伍，同时在不同的地区实现销售和开展各种商务活动，也是在网络上进行，成本更趋降低。

六、主流化竞争优势

根据勒维斯的摩擦经济学理论，可以把主流化确定为网络经济生存竞争的首要原则。为了赢得最大市场份额而赠送第一代产品的做法就是主流化。主流化所追求的目标就是“锁定”客户，即通过吸引客户从而占领主要市场份额的过程。一旦数以百万计的用户对该产品有了依赖感，考虑到培训费用和其他转换成本，他们就再也无法逃脱；一旦某个产品取得了主流地位，这个地位就不容易被动摇。显然，主流化有两方面的意义：它不仅锁定了用户，同时还消除了竞争。

免费赠送是实现主流化的具体方式，它通过把自己产品的价格降到冰点，而使其普及程度一夜之间升到沸点，从而一跃成为市场霸主。许多网络公司都是这么做，这也就是著名的“剃须刀和刀片”原理，赠送剃须刀就是为了长期推销刀片。

主流化的直接目标就是追求市场份额的有限最大化，因为市场份额的多少与企业在竞争中的地位有直接的关系。研究发现，一个企业要想在网络经济中白手起家，必须先拥有 26.1% 的份额，再赢得 41.7% 的份额，最后达到 73.9% 的份额。根据勒维斯的论述，我们归纳分析此理论这一过程包括以下几个阶段：

（1）当一个企业的市场份额达到 26.1% 的最低目标时，这家企业才被看作为一个参与竞争的企业。若低于 26.1%，则它的生存能力就很弱，只能算是“不稳定的竞争者”，它的地位可能随时会被竞争者取代。一旦拥有 26.1% 以上的份额，就开始与其他公司相脱离，处于领导市场产品的地位。获利能力一改变，市场份额也随之改变。

（2）弥补缺口来进一步赢得 41.7% 以上的市场份额，这样就会成为市场“领导者”。所以市场霸主的目标是猎取超出 41.7% 的份额，这时，该公司与它的竞争对手之间赢利能力的差距才能扩大。在网络经济中取得这一关键地位的捷径常常是兼并和收购（M&A）。

（3）通过主流化以赚取 73.9% 的份额，从而成为“垄断者：当然，垄断是每个雄心勃勃的公司的最终目标。但是，再往上超过 73.9% 时就会停滞不前。其一，很难刺激出更多的商品需求量；其二，会引来与其他产业集团或专业化产品公司的竞争；其三，市场份额与盈利能力两者之间就会错位。因此，虽然拥有 90%、95% 或 100% 的市场份额，似乎是最理想的目标，但在网络经济中不应该是一个聪明企业的目标。

能否实现其竞争优势，使企业获得成功，影响因素有很多，然而从实践和理论的分析可以看出，决定竞争优势的最重要的因素是两个实质性类别，一个主要因素是普遍的组织组成的，但坚定地嵌入在员工和工作环境中的文化价值。第二个因素是内部接触沟通，员工辛勤工作，以积极的方式，创造一个协作的文化，涉及每个人决策。这也显示出新媒体时代的新媒体所引起的最大管理效应。20 世纪末分众传媒公司的发展，并最终收购兼并聚众传媒公司的故事就是这一理论的真实写照。

第四节　新媒体增长态势

2008 年 7 月 4 日，摩根士丹利发布《中国传媒报告》，报告称中国的新媒体增长远超传统媒体，中国的新媒体出现了“赢家通吃”的局面，搜狐、分众、腾讯和新浪在对应市场中的市场份额上升。由此，带动了中国媒体公司利润率高于全球同行。

一、新媒体增长超越传统媒体

摩根士丹利报告指出，分众传媒是中国办公楼宇广告的领导者。据报告估算，2007 年的收入达到了中央电视台利润的 1/3，而 5 年前分众才刚刚开始创业，中央电视台却已有 50 年的历史。

据他们的分析，在过去的 5 年里，中国网络广告收入以 60% 的年增率增长，而报纸和电视广告的增速只有百分之十几。

搜狐和新浪，中国最大的两个门户网站，2007 年广告总收入约为中央电视台的 20% 左右，而 5 年前这一比率仅为 5%。

二、新媒体赢家通吃

报告称，在中国，分众传媒在中国商业楼宇广告收入中占 95% 的份额。腾讯吸引了约 80% 的即时通讯用户。搜狐和新浪占据了中国网络品牌广告 40%–50% 左右的市场份额。与之相比，中央电视台在中国电视广告收入中占据最大的市场份额，但也仅为 25%–30% 左右。

摩根士丹利将“新媒体”行业的“赢家通吃”现象归因于以下一些

因素。

首先，网络媒体打破了“传统的”壁垒，使之能在任何时间和任何地点为任何人服务。

与之相反，“传统媒体”的传播途径往往受到时空（尤其是时间性很强的新闻）或语言的限制（例如上海人可能很难听懂100公里以外的地方方言），使传统媒体运营商很难取得全国性的规模。

其次，网络媒体正在成为“超级报纸”（未来几年可能成为“超级电视”），汇聚足够的内容以吸引广大的人群。报纸和杂志仅能提供有限的内容，限制了其读者群。

另外，法规的约束经常阻碍“传统媒体”运营商实现跨地域控股；而“新媒体”运营商并不受此困扰（如分众传媒覆盖了将近70个城市的3万多个楼宇）。

三、利润率高于全球同行

报告认为，中国互联网和传媒上市公司2007年的平均营运利润率约为35%，将近美国同行的3倍。这些互联网和传媒公司大部分轻资产，而重人力资本。据他们测算，这些公司人均营运成本仅为美国同行的10%左右。

报告称，这样的高利润率吸引了大量的资本流入。正如我们所见，中国互联网和媒体行业所吸引的风险投资比其他任何行业都多，而这又反过来促进了这一行业在中国的蓬勃发展。

互联网和数字电视行业都进入了高速发展阶段。据观察，大多数中国的新兴行业在市场渗透率处于10%–50%之间时为投资最佳时期（当渗透率低于10%时市场尚不成熟，而渗透率超过50%时上升的空间就很有限了）。

四、互联网和数字电视进入投资最佳期

摩根士丹利认为，中国有3000多个电视频道（其中包括130个付费电视频道），它们大部分都渴求高质量的内容。值得注意的是：

（1）中国的电视频道在2006年平均每天播出13个小时，但只有约15%的节目是首播的自制节目（国家广电总局）。

（2）中国政府对境外节目有严格的管制，像HBO、ESPN和凤凰卫视等在中国都只有有限的落地权。

五、中国网络应用使用率和用户规模巨大

中国网游产业收入规模已经远远超过传统的三大娱乐内容产业——电影、电视娱乐节目和音像制品发行的收入，成为中国互联网经济发展的“火车头”。

视频分享网站利用风险投资，发展很快，流量很大，但是现在遇到的阻碍因素主要有商业模式不清晰、前期投入大，宽带成本高、内容同质性高，版权问题复杂，用户质量较低，吸引过来的用户年龄比较小，没有消费能力。视频分享模式如何赢利依然是各家网站无法解决的问题。营收压力之下，是坚持还是转型，国内的视频网站集体走到了十字路口。

SNS目前都面临着赢利模式单一的困扰。目前基本上所有的社交网站都倚重广告，尽管也在不断探索多样化的盈利模式，如礼品系统（贩售虚拟礼品，向用户和厂商收费），或者收费的页面美化服务以及独立域名服务等，但SNS社区盈利模式并不明朗，新的模式被认可还需要很长的一段时间。

3G时代带来移动媒体市场更加激烈的竞争，手机电视被认为是3G时

代的主要应用之一，能为电信和广电产业都带来巨大商机。电信企业可以收获更多的流量费和信息费分成，广电企业则可以获得一个新的内容发布渠道，实现新的盈利模式。

2008年中国手机电视用户达到5000万户，市场规模约13亿元；2010年中国手机电视用户数达到9750万户，市场规模约24亿元。

互联网，数字有线电视，5G服务和宽带电视（IPTV）正在中国迅速成长，而这些都是内容传播的渠道。

新媒体渠道如此迅速扩张，将使高质量的媒体内容在今后几年内变得更为稀缺，市场对其需求也将更为迫切。

第四章　新媒体传播参与者：从受众到网众

第一节　传统的受众概念

1948 年，美国传播学者拉斯韦尔在《社会传播的结构与功能》中提出了著名“5W”模式，将传播活动划分成传播者、讯息、媒介、受传者、效果五个部分的活动。后来传播学中的受众分析，在某种程度上就是沿着这个模式发展而来。然而，“受众”这个概念本身却是由来已久，它随着历史环境的更替而发生变化，并在不同的视角下，呈现出不同的特点。

一、受众的定义及基本类型

作为传播活动的一个市要组成部分，受众的参与直接影响到传播活动能否顺利进行。他们可以是一个社会中既存的群体，也可以是伴随某一种媒介而来的流动人群。面对信息，他们可以是被动地接受，也可以是主动地寻求：他们既是被操控的对象，也是权利的所有者。可以看到，受众背后的深刻内涵已经超出了其本身的字面意义。

（一）受众的定义

从早期公共场所的围观者，竞技、表演的观看者，到媒介传播内容的接受者、资讯的订阅者，再到传播活动的参与者、沟通交流中的互动者，受众的含义由简单走向复杂，由单一走向多元。总体而言，可以从以下几个角度来进行定义。

首先，从传播活动中传播者与受众的关系来看，传播者是指对所要传递的信息进行编码，并将其传播出去的组织或个人。而受众则是指接收信息，并对信息进行解码的个人或群体。这种定义将受众视作特定信息接受者，着眼于传播活动中的角色差异，其适用性最为广泛。因为，即便在新媒体环境下，受众兼具了传受双重身份，但在具体的传播情境中，仍然存在着传播者与接受者的不同。

其次，从媒体的角度来看，受众是指特定媒体内容的接受者。这既包括媒体内容的订阅者，又包括实际接收到媒介信息的人群。报纸的读者、广播的听众、电视的收看者都可以被划归到受众之中。媒体内容的订阅者和购买者，反映了某一特定媒介的覆盖情况和影响范闱，而实际接触到媒体内容的群体范围会更大。

再次，从市场的角度来看，受众是为媒体创造广告利润的群体，是媒介经济中的重要一环。这个定义着眼于受众的经济价值。媒体将特定的内容以较低的价格卖给受众，在吸引大量受众之后，再将这些受众卖给广告商，以获得高额的广告刊登费用。而这种由受众创造出的价值，是传统媒体长久以来生存的基础。这也是为什么媒体会想尽一切办法，甚至不惜以无偿的形式，争取更多的受众。

最后，从社会的角度来看，受众存在于更大的社会环境之中，他们是一群有着相似的人口统计学特征（性别、年龄、文化、职业、收入）、心理特征和行为特征的群体。许多媒体的目标对象就是这样一个个子群体，并以他们的特征来确定自身的市场定位，从而形成不同的内容风格、价值取向等。

（二）受众的基本类型

麦金尔认为，我们可以从多种维度理解受众。包括主动性或被动性程度、互动性和可互换性程度、规模大小和持续时间、空间上的位置、群体特征（社会 / 文化身份）、接触媒介源的同时性、构成的异质性、传送者与接受者之间的社会关系、“社会呈现”的程度、使用环境的状况等多种维度。对受众进行不同类别的划分，有助于我们从不同的角度对其进行研究，制订出不同的传播策略。

以不同媒体划分，受众可以分为报纸、杂志、宣传册的读者，广播的听众，电视、电影、戏剧的观众，手机用户，联网网民等。这种划分方式最为常规，基本上有什么样的媒体，就会相应的有什么样的受众。

以空间分布来划分，受众可以分为地方性受众（即面向当地进行传播，如地方性日报、晚报、电台等的受众）、区域性受众（即区域性传播所覆盖的受众）、全国性受众（即受众群体覆盖全国范围，如中央电视台，中央人民广播电台）、全球性受众（即受众遍及全球，如美国之声）。

以人口统计学来划分，受众可以划分为男性受众、女性受众，低收入受众、中等收入受众、高收入受众，无教育水平受众、低教育水平受众、中等教育水平受众、高等教育水平受众等。

以传播内容来划分，受众可以划分为进行广播，传递普遍性内容的一般性受众；传递针对性内容的特殊性受众。这样的划分很大程度上是源于传播科技的改善，使得传播资源日益丰富，市场细分成为可能，于是也就有了各种各样的受众群体。

（三）受众的特征

虽然受众的概念不断在发生变化，并且存在着多种思考的维度，但总体而言，受众作为一个集合体，有着一些普遍性的特征。

1. 同质性与异质性

同质性表现为，同一类型的受众，大致上有着相似的人口统计学特征、心理特征和行为特征，这些特征使得他们具有某种内在的一致性，并对特定的传播内容产生偏好。而异质性则说明了，虽然受众可以被划分到同一个群体里，但是他们之间仍然存在着显著的差异。受众内部结构多元，关系复杂，在享有共同兴趣爱好的同时，又保持着各自的不同。这种差异性则是更为复杂的社会结构的反映。

2. 稳定性与流动性

稳定性为一种相对的状态，即在一段时间内，受众是较为固定的群体。总体而言，他们对特定媒介内容的需求以及他们自身的媒介使用习惯在短期内不会发生较大的变化。而流动性则说明，受众一方面面临着成员的流失，另一方面也会不断有新的成员进入。这种流动可以是由媒体造成的，也可以是由受众自身造成的。因此，受众的数量和规模总是在时起时伏。

3. 被动性与主动性

被动性强调了受众在使用媒体时候的无意识。他们并不知道自己想要的是什么，对于媒介传播的内容，他们总是在被动地接受。虽然有时有所选择，但是总体上不会超出媒介提供内容的范围。而主动性，则强调受众在使用媒介的过程中是积极的、主动的。他们会根据自身的特点来选择特定的内容。不仅如此，他们对媒介传播的内容并非消极接受，而是会做出自己的解读，形成自己的理解。

二、受众观念的历史演进

对受众的认识是一个持续不断的过程。从早期的受众角色缺席，其存在受到忽视，到受众的客体化，人们开始从经济和社会的角度对受众进行研究，再到受众的主体性回归，受众价值被重新挖掘，每个阶段都有着不同的受众研究，也产生了不同的受众理论。

（一）受众角色缺席

在一对一的传播中，传播者与受众之间保持着相对平等的关系，双方对传播的情境、话语都有所控制。随着传播范围的扩大化，传播者与受众的地位也在不断发生改变，而当“中心—边缘”的传播格局形成之后，便正式确定了传播者对传播活动的主导地位。

在早期的传播活动中，受众虽然普遍存在，但是他们总是处于缺席状态。所谓的“缺席”并非指他们不在场，而是指他们在传播活动中不被考虑，不被关照。他们没有自身的话语权，只能被动接受信息。一切以传播者为主导，并按照传播者自身的意愿，选择传播活动开展的时间、地点以及传播方式。而传播活动并不需要及时有效的反馈来实现双方的沟通交流，传播的唯一目的在于信息的输出。

出现这种现象有着复杂的社会原因。这很大程度上源于知识水平分布不均衡，而传播资源也有限，并被特定的权力精英所垄断。在这些社会精英眼里，受众都是主体意识缺乏、没有文化、消极被动的“乌合之众”。传播学中的大众社会理论对这个时期的受众进行了非常详细的描述。然而，这种观点带有强烈的偏见，是一种典型的精英主义传播观。在这样的传播观下，受众不被重视，他们被传播者任意左右。这样的受众观产生于特定的历史情境中，也必须再还原到历史环境之中进行考察。

（二）受众的客体化

受众的客体化，主要是源于受众作为一个庞大的群体，他们自身有着巨大的经济价值和社会价值。正是因为这些价值的存在，促成了媒体、市场人员和学者对他们进行研究。

对于媒体而言，受众是其利润的主要来源，因为大规模的受众意味着大规模的企业广告投入。因此，从经济价值出发，逐渐形成了一种将受众视为市场的受众观。此时对受众的研究，侧重于对受众进行市场调查和心理分析，并对其进行归类，最终转卖给有特定需求的企业。

与此相对的是一部分学者试图去研究受众对媒体的使用，从而用以批判早期形成的对受众的刻板印象。这类研究旨在发掘受众在媒介接触过程中的积极性、主动性，分析他们的使用动机以及对媒介内容的解读方式，试图还原受众的真实面貌。

可以看到，这些研究虽然都在试图了解受众，将受众从早期的缺席状态中解救出来，但是，受众仍然被当作一个客体，研究的目的不是在于为受众正名，而是在于更加有效地利用受众、控制受众。从这个角度来看，处于受众客体化阶段的受众观仍存在许多局限。

（三）受众的主体性回归

受众的主体性回归很大程度上归功于新媒体的出现。新媒体的去中心化让权力由传播者分散到受众手中。受众不再是消极的接受者，他们在接收信息的同时，也在主动地创造内容，并且积极地参与到传播活动中去，并通过“个体发声，集体呼应”的形式发挥着自己的力量。这种主体性的回归，也促成了受众向网众的转变。

新媒体的普遍接近性，让被垄断的知识和技术在整个社会范围内得到传播。人们可以根据自己的需求进行特定的媒体选择。交互性带来了双向的沟通反馈，语言符号与非语言符号的综合运用，促成传播双方在互动过程中相互理解，达成共识。

受众的主体性回归，在某种程度上，可以看作对“一对一”的人际传播的还原。通过消除时间、空间障碍，合理分配话语权，让传播者与接受者站在同一平台上进行交流。受众不再是隐匿的、无意识的、原子般的存在。他们也不仅是信息接收者，他们还是有着自我能动性的社会人。他们的行为折射出特定的社会环境与文化特性。他们有着自身的需求，并且在使用媒介的过程中，让需求得到满足。

从被动的受众到主动的网众，传播科技发挥着重要的作用，提供了基础性保障。这种主体性的回归背后，也有着深刻的社会动因。社会的发展不断推动着人的自我意识的觉醒，而商业因素的介入，也在促成新技术的创新与普及。应该清楚的是，受众观念的转变并非一蹴而就的，这是一个逐层深入的过程，时而前进，时而倒退。但总体而言，这意味着我们需要重新来审视这样一个不断变化的群体，并在日常的实践中，去修正既有的受众理论。

三、主要受众理论

与受众观相对应的是不同阶段的受众理论。这些理论大部分是源于特定历史时期的经验性研究。它们反映了学者体察受众的不同视角，也揭示出传播学中受众分析的发展脉络。有些理论，如今依旧适用，有些理论需要在新的环境下进行调整。

（一）大众社会理论

大众社会理论产生于19世纪末期，精英阶层的权力不断丧失，其矛头指向了传媒业以及受到传媒业操纵的大众读者。所谓“大众”，是工业化、城市化、现代化催生的概念，将人群视作规模庞大、彼此孤立、漂泊无根、面目模糊的人的集合。

该理论认为媒介是一种非常有害的，必须对媒介进行净化或者对媒介进行彻底的重构。媒介具有直达普通人头脑，并直接影响普通人头脑的力量。一旦普通人的头脑被媒介腐蚀，各种不良的、长期的后果不仅会破坏个人的生活，还会产生大规模的社会问题。普通人受到媒介影响是因为他们被传统社会机构隔绝和孤立出来，而以往正是这些传统社会机构在保护人们不被操控。

而处于大众社会中的受众被认为孤立的、分散的、无组织的、原子般的存在。他们从既有的社会关系中脱离出来，变得无所依靠，只能任由媒体所摆布。他们规模巨大，缺乏理性。正是因为如此，精英阶层的权力才会不断丧失，利益不断受到损害。而这对于整个社会的发展而言是极为不利的。

毋庸置疑，这种大众社会论的受众观带有强烈的精英主义色彩，反映了没落的精英阶层对普通大众的强烈偏见。

（二）使用与满足理论

使用与满足理论最早起源于20世纪40年代的哥伦比亚学派，在经历了五六十年代的凋零之后，在近20年得以复兴。该理论试图消除传统受众研究中所形成的偏见与刻板印象，力图从受众自身的需求和心理出发，重视受众在媒介使用过程中的积极性与主动性。其代表的研究成果包括：赫佐格的日间广播剧调查、贝雷尔森的“失去报纸意味着什么”研究、卡茨的“使用与满足”模式、罗森格伦的“使用与满足”模式等。

该理论认为，受众使用媒介并非无意识的行为，而是出于某种特定的需求，并且在使用媒介的过程中使需求得到满足。受众通过使用媒介而获得的满足至少来自三个方面：媒介内容、媒介接触本身以及接触不同媒介时的情境。

具体而言，这些动机可以归纳为以下几种：

1. 获取信息

获取信息即将使用媒介作为获取外界信息的一个途径。最为显著的是我们对新闻信息的获取一般都来自媒介。通过使用媒介，我们可以了解到外部环境的变化，并产生特定的调适行为。

2. 学习知识

在使用媒介的过程中，还伴随着各种各样的学习行为。一部分知识性内容会伴随着媒介的传播而得到扩散。这些对于公众而言，能够产生一定的教育作用。媒介可以作为正规教育的一种补充。

3. 休闲娱乐

在信息娱乐化日益显著的今天，休闲娱乐的内容也越来越受到大众的欢迎。各种各样的娱乐节目一波一波地袭来，人们目不暇接。这些内容为受众提供了茶余饭后的谈资，并且能够缓解生活的压力，打发无聊的时间。

4. 逃避现实

许多时候媒介使用的过程并不具备明显的目的性。人们收看电视、收听广播有时候仅仅是因为不愿跟他人接触。这反映了现代化过程中人与人之间关系的隔离，从而产生了强烈的疏离感。这样的社会病理现象最终导致人们沉浸在媒介之中，逃离社会现实。

5. 社会交往

媒介环境一方面反映了现实环境，另一方面又在对现实环境进行再造。人们在使用媒介的同时，也在不断受到媒介的影响。通过将自身的行为与媒介中的行为进行比照，受众习得了合适的社会交往方式，并将媒介中的内容，作为社会交往的资本运用到真实的人际互动中。

（三）分众理论

分众理论的提出，很大程度上是源于媒介资源的丰富化，媒介本身不断细分、不断专业化，从而导致了受众的细分，以及特定受众群体的形成。不同的受众群体围绕特定的媒介聚合，于是就形成了所谓的分众。

分众观的核心内容：社会结构具有多样性，是多元利益的复合体；社会成员分属不同的社会群体，其态度和行为受群体双性的制约；分众不同于社会群体的受众个人，对大众传播有着不同的需求和反应；在大众传播面前，受众并不是完全被动的存在，他们在媒体接触、内容选择、接触和理解上有着某种自主性和能动性。

麦奎尔从电视领域出发，概括了受众分化的四个阶段。他认为“在电视发展的早期阶段（20世纪50年代和20世纪60年代），大部分国家，大多数观众只有有限的、最多不超过三个的重要的或全国性的频道可供选择。美国的情况稍好一些。那时，人们广泛分享着同样的媒介经验，同质性相当强。这种一元模式意味着，单个受众基本上与一般公众拥有共同的空间。第二阶段，随着媒介内容和频道的增长，在一元模式框架内出现了更多样化和更有特色的选择空间。例如，日间和晚间电视，各种地方电视频道等。这是一种有限的内在多样化模式，可以称为多元模式。第三个阶段，是核心—边缘模式，这一模式显示，频道的增加使得对这一框架之外其他的、竞争性频道的选择成为可能，也使人们有可能欣赏到与大多数人的喜好、与主流趣味迥然不同的电视节目。最后一个阶段，被称为分裂模式，表明受众群更广泛的分化以及核心的淡化。受众以不固定的方式，分散到许多不同的频道中，偶尔才会出现受众共享经验的情况。

事实上，媒介资源的多样化必然会导致受众的分化。这样一个过程一方面意味着更为个性化的媒介选择，更加精准的市场定位，同时，这也意味着媒介原本整合社会信息的作用受到消解，社会结构也在不断被重塑。我们可以说，分众理论给我们带来了一个全新的视角。

（四）其他受众理论

除了上述的几种受众理论之外，还有个人差异论、社会分化论、文化规范论、社会参与论等。这些理论将受众放到更为广阔的社会文化背景下进行考察。

个人差异论认为，人们的心理结构千差万别，这既是源于每个人先天条件的不同，又是源于各自后天环境的差异。个人信仰、认知结构以及文化背景、社会环境均会影响人们对客观世界的认识，因此在解释外部世界时，会产生不同的理解。

社会分化论认为受众并非一个孤立的个人，他们虽然千差万别，但仍有共同之处。受众依据性别、年龄、种族、收入、受教育程度等被划分到不同群体之中。每个群体内部具有相对一致性，这种一致性影响着群体成员对外界事物的看法。根据群体目标以及价值观念，人们会对接收到的内容进行不同的解释。

文化规范论从媒介出发，指出媒介内容对受众的长期影响。这种影响具体表现为对既有观点的改变或强化。而媒介内容很大程度上是社会价值观的反映，通过文化规范，社会在传播互动的过程中实现整合。

社会参与论的核心在于受众应该参与到传播媒介当中，以便维护传播媒介的公共属性。受众不仅在接收信息，他们也希望参与到信息传播当中，并发挥自身的作用。通过参与传播活动，受众能够更好地进行讨论，表达自身的观点，同时达到更好的传播效果。

四、受众的媒介使用行为

对于受众的媒介使用行为研究集中表现在受众对报纸、杂志、广播、电视这四种媒介的使用研究上。具体而言，研究侧重于使用动机的探讨。总体而言，这些研究反映出受众在媒介资源相对匮乏的条件下的一些普遍性需求。

（一）对报纸杂志的使用

早期印刷媒介的受众大多都是受过正规教育的特定阶层。就其数量而言，他们是社会中的少数。随着印刷媒介的市场化与大众化，受众群体也由精英阶层向普通民众转移。

1940 年，B.R. 贝雷尔森对书籍读者进行了研究，并发表了《读书为我们带来了什么》。在这篇文章中，贝雷尔森总结出人们阅读背后的一些动机。随后，1949 年，贝雷尔森又做了名为“失去报纸意味着什么”的研究，研究以 1945 年的纽约报纸派送员的大罢工为背景，试图弄清报刊在人们日常生活中的作用。

作为周期性的出版物，在广播、电视尚未诞生之前，报纸和杂志都肩负着传递信息的重要作用。国家大事、社会新闻、天气状况、市场行情、商业广告等这些信息都是通过报纸、杂志获取的。通过阅读报纸和杂志，人们可以了解到外部世界的新近变动，以便做出相应的适应行为。除此之外，掌握信息除了对自身有利之外，还可以作用于他人，将自己获取的信息分享给他人，一方面可以提供社会生活中的谈资，另一方面也有助于社会地位的形成。同时，阅读习惯一旦形成，便会成为一种常态。也就是说，阅读本身便成了目的。

（二）对广播电视的使用

H. 赫佐格在1944年对一个名为《专家知识竞赛》的广播节目的11位爱好者进行了详细的访谈。赫佐格认为，有三种基本心理需求使得人们喜爱知识竞赛节目：竞争心理需求——通过抢先猜测答案使自己与出场嘉宾或收听伙伴处于一种竞赛状态，享受由此带来的竞争乐趣；获得新知的需求——从节目中得到新的知识，以充实自己；自我评价的需求——通过猜测答案来判断自己的知识程度，确认自己的能力。

1969年麦奈尔对电视节目的调查，归纳出受众从电视节目中获得的四种满足，包括：心绪转换效用；人际关系效用；自我确认效；环境监测效用。

与报纸、杂志不同的是，广播为一种伴随性的媒介，即人们可以一边做其他的事情，一边听广播。而电视为一种家庭性的媒介，人们更倾向于与家人一同坐在电视机旁，观看电视节目。同时，比起报纸、杂志，广播、电视的时效性更强，也就是说，人们更能够从广播、电视中获取外界信息。同时，电视的娱乐性内容也不断受到受众的偏爱。

第二节　新媒体环境下的网众概念

传统媒体向新媒体过渡过程中，伴随着从受众到网众的转变。这并非受众的终结，因为在很多情况下，传受关系的差异化决定了“受众”这个概念仍然有它的价值。只是新媒体环境的确催生了新的群体。他们摆脱了受众固有的局限，根据自身的需求，创造出新的可能性。

一、网众概念及基本特征

从计算机联网到社会联网，媒介系统不断更替，原本被孤立、分割的个人重新回到各种各样的社会关系之中。网众的形成，确立了新媒体传播中新的主体。它们影响着传播的过程、意义的共享、权力的结构以及效果的达成。

（一）网众概念

网众的概念是相对于受众而言的。有学者指出，网众是由“网络化用户”组成的群体，即当今社会中那些积极的媒介使用者，他们以跨越各种媒介形态的信息传播技术（ICT）为中介，与其他媒介使用者相互联结，构成融合信息网络与社会网络的新型网络，“网络化用户”则成为该网络的节点。

之所以要提出“网众”的概念，是因为基于传统媒体之上的受众概念已经无法在新媒体环境中适用。受众概念的着眼点是传播过程中的角色差异，而新媒体的使用者往往兼具传播者与接受者双重角色。他们在传播过程中的主体性空前提高。从最初的媒介使用，到成熟的信息生产，他们的媒介素养不断提升，在日常的媒介实践中形成自身的价值判断，积累媒介使用经验。

与此同时，在新媒体环境下，媒介使用者不再是孤立的。他们之间的联系越来越紧密，强关系与弱关系都在信息网络中表现出来。这种社会关系网络事实上早就存在，只不过因为新媒体的发展，人们才更加深刻地感知到。而这在传统受众概念中是无法涵盖的。

以网众代替受众，不是对受众的否定，而是立足于变化，对其进行与时俱进的发展。

（二）网众概念的提出背景

网众概念是在新媒体环境这种特定的背景下提出的。

一是计算机联网以及移动互联网走向成熟，为网众的形成提供了技术支持。信息传播科技的进步，使得媒介资源得到了最大限度的开发，同时，媒介使用日益便捷，操作日益简单，交互特性带来了互动沟通，这些技术的成熟是网众得以产生的前提。

二是由计算机联网带来的社会联网，促成媒介使用过程中社会关系的建立，网众不断被结构化。人们的社会关系网络在信息网络中逐渐显现出来，线上的社会关系加强了人与人的联系，群体聚合带来了网众地位的提升。

三是商业因素的介入，让技术的使用更为廉价。更为低廉的价格让普通民众也能负担得起。这意味，网众群体的整体数量在不断增多，而网众内部的成员结构也更为多元。巨大的规模使得任何微小的事件经过群体网络之后，就会产生难以想象的结果。

四是全球信息流通，区域之间的壁垒逐渐消除，让网众不仅在数量上持续激增，在分布范围上也不断扩大。由于地理位置差异产生的间隔被打破，世界各地的人们第一次真正意义上站到了同一个平台上。

（三）网众的基本特征

“网众”概念的提出，意味着我们需要对传播活动的主体进行重新审视。传播媒介演变使得传播活动的各个要素均发生了大大小小的变化。和传统的受众相比，网众呈现出许多新的特征：

1. 网络化

网络化即一种结构化。它所体现的是人与人之间的连接关系。传统的受众群体，通常被按照一定的人口统计学属性进行区隔和归类，他们彼此之间的联系微乎其微。即使是同一媒体的受众群，也只是存在简单的相似。而网众则是经由社会网络和信息网络连接起来的群体。以单个个人为节点可以延伸出不同的连接关系。这种连接关系会在日常的媒体使用中表现出来。

2. 能动性

网众不仅仅是在被动接受信息，他们自身有着能动性。一方面，他们能够主动索取信息，来满足自身的需求。另一方面，对于接收到的信息，他们有着自己的理解和解读。同时，他们会进行选择性的再传播。这就意味着，这是一种建立在自身媒介素养基础之上的媒介使用。虽然每个人的素养水平不一，但和之前传统媒体的媒介使用相比，确实有着很大的差别。

正是这种能动性让网众既成为信息接受者，又成为信息传播者。

3. 全球化

网众遍布全球，他们不再受到地理位置的局限。不同国家、不同区域的网众都可以在同一信息平台接收信息，发布信息，参与讨论，进行协作。这种由网众带来的全球化的信息传播，让世界更为紧密地联系起来。一方面，它有助于促成积极合作，解决现存的人类共同性问题（例如，环境污染、恐怖主义、世界和平）。另一方面，它造成了社会控制的危机。国家的权威受到动摇，由此带来的信息安全问题成了各个国家必须应对的难题。

4. 繁杂性

网众无论是从成分上，还是从结构上来看都显得极为繁杂。这是因为，他们可能来自不同的国家、地区、民族、种族；同时，他们的教育程度、收入水平都存在着差异；再加上成员可以在网际空间中自由流动。这一切使得我们所面临的网众较之传统媒体的受众而言，更为复杂。传统的受众研究路径在网众身上不再适用，更多的因素需要被考虑在内。

5. 数字化

在新媒体环境下，无论是文字、图片，还是声音、影像，它们的物理形式均被消除，最终以数字的形式被存储和呈现。而传播活动中的网众，他们的任何媒介使用行为同样都会转化为数字轨迹被记录下来。这些数字轨迹为研究网众提供了新的出发点。人们的各种行为被量化，最终形成庞大的非结构化的数据。大数据分析的兴起正是以此为基础，而由网众行为产生的数据，将带来巨大的财富。

二、网众身份的意义

网众不仅仅是对新媒体使用者的一个综合性概括，它更反映出新媒体用户与以往普通受众所不同的身份与角色。这些身份与角色无论从个人的角度还是社会的角度来看，都有着十分重要的意义。

（一）个人层面的意义

从个人的角度来看，网众的形成意味着受众主动性的回归。从被动接受到主动获取，从消费信息产品到参与到信息产品的生产环节中去。个人的主体性得到确立，并在日常的实践中，发挥主体的功能与作用。

1. 信息的索取者

网众是信息的索取者。在媒介资源较为匮乏的时候，人们虽然也有自主权，但是由于诸多限制，总体上只能被动接受信息。随着媒介种类的增多，渠道的日益丰富，人们可以根据自己的需求来获取信息。这一方面，为网众提供了多样性的信息内容，另一方面，促使他们不断提升自己信息选择的能力，从而满足自身的信息需求。

新媒介创造出一个巨大的信息库，而网众自主地在信息库中索取信息。这种主动的索取，带来了对特定事物更为全面的了解，避免了单一，报道的信息容域限制、呈现形式限制、报道立场限制。不仅如此，知识的垄断被打破，网众可以在这样一个信息库中各取所需，而不必统一接收相同的信息。同时，通过主动搜寻信息，许多个人化的问题能够在这个过程中得到解决。从这个意义上来看，媒介使用伴随着一定的教育、指导功能。相比从前，这种功能更为系统、更为专业。

2. 内容的生产者

网众是内容生产者。将集中的信息生产权力分散到个人手中，意味着会有更为多元的内容产出。在大众传播时代，媒介内容在某种程度上反映出一个时代的集体记忆，而大多数个人的身影却被模糊化了。在新媒体环境下，时代的主旋律仍然被弘扬，与此同时，个人也拥有了自我表达、自我展现的平台。

自主的内容生产者一方面在进行个人的创造，另一方面在进行个人的记录。个人创造带来了各种亚文化的繁盛，个体的智慧被展现出来。同时，也带来了思想的传播，观点的碰撞。而个人的记录则进一步实现了信息的体外化。媒介的存储功能部分替代了大脑的存储功能。通过记录来存储记忆。记忆的内容更为丰富，更为具体。这些留存在媒介上的信息，于个人而言，无疑是一笔珍贵的财富。

3. 意见的表达者

网众是意见的表达者。通过索取信息，我们可以对外界事物获得详细的认识：通过生成内容，我们可以形成自身的看法。而最终目的，是将我们的观点，我们的诉求表达出来，从而带来现实层面的改变。

表达意见对于个人而言具有重要意义。首先，它是网众主体性最为显著的表现。发表观点的参与比起简单的内容生产更具有意义。其次，意见的表达能够促成自身媒介素养的提高。在表达意见的同时，能与他人进行思想的碰撞，拓宽眼界，提高自身辨别的能力。最后，个人的诉求能够通过公共的讨论最终产生有利的结果，并促成事态朝着自己的意愿发展。

（二）社会层面的意义

从社会的角度来看，网众的形成无疑推动了民主政治的发展。广泛的参与带来协商的可能性，而网络本身的开放环境特点又为社会监督与民主法治提供了有力的保障。同时，网众庞大的规模，以及在这种规模之上的合作能够发挥集体的力量，解决一些共同性问题。

1. 参与民主协商

民主协商是一个社会政治文明的重要标志。而真正意义上的民主协商不仅需要公民积极地参与，还需要让讨论在一个理性的环境中进行。网众的形成可以说为民主协商带来很大希望。网众群体规模巨大，其构成成分多元，能够形成广泛的参与。意见领袖的存在能够将普通网众分散的意见进行整合。

需要澄清的是，新媒体所提供的是一种民主协商的可能性，至于民主协商的质量，这并非其能够保证的。民主协商的实现，需要人们在这样一个公共环境中不断进行磨合，在参与讨论的过程中，提高自身的认识水平，并以理性的方式应对面临的问题。但是，我们应该看到，这种民主协商已有了雏形。网众已经开始有意识地对发生的事情进行公开讨论，发表自己的观点，而这些观点虽然不能代表全部，但至少让我们听到了一些声音，公共决策也有了更多的参考依据。今后需要做的，就是不断完善公共讨论的平台，提高网众的参与热情，从而不断推进民主协商的进程。

2. 实现集体协作

集体协作是网众身份的另一个重要社会意义。从 Web1.0 到 Web2.0 最大的转变就是，人们从最初的参与发展到了集体合作。个人的力量经过社会网络被无限放大，最终形成的合力能够创造出无穷的力量。

最为典型的集体协作表现在灾难救助上。在地震、洪水灾害发生时，网众发挥各自的力量来应对灾情。灾难发生地的人们能够向外界发布灾区信息，以便救援人员优化救援方案。同时，寻人信息、物资捐献信息、血库补给信息能够在网络上迅速扩散，网众参与信息转发传播，并给予及时反馈从而辅助救灾工作。而那些不能直接参与的网众，则可以施以人文关怀，传播正能量，为灾区提供精神支持。这些在传统媒体时代是很难高效实现的。其他诸如“光盘计划”“节能一小时”的公益宣传。“随手拍解救被拐儿童”“关注留守少年”的爱心行动，这些都体现出集体协作的巨大价值。

每一名网众都是一个节点，人们的社会关系网络将不同的节点连接起来。这种改变需要我们重新思考我们解决问题的方式。

3. 完善舆论监督

在大众传播时代，舆论监督基本上都是由报纸、电视等传统媒体来承担，它是媒介的一项基本职能。然而，传统媒体的监督力度有限，且面临着诸多的阻碍，并不能非常有效地实现社会预警、协调控制的作用。基于网众之上的舆论监督很好地弥补了传统舆论监督的缺陷，这表现在网众对于特定的问题有着较高的敏感度，微小的线索经过集体的协作便能够刨根究底，弄清真相。无处不在的网众也验证了那句“天网恢恢，疏而不漏”，社会监督因此变得更为完善。

网众在进行舆论监督的同时，也在不断地发现问题、暴露问题。这些问题可能隐藏在社会生活当中，或者被人试图掩盖，因而之前尚未浮现在公众的视野当中。如今，群体的力量带来了问题的发现机制，我们可以发掘潜在的隐患，制订出行之有效的解决措施，同时，建立预警机制，减少社会风险。但应该注意的是，在这个过程中需要区分对公共生活的监督与侵犯私人领域的区别，必须防止权力的滥用，从而保障他人的合法权益不受侵害。

三、网众的媒介使用行为

网众的媒介使用习惯因新的媒介特性而呈现出新的特点。从互联网到手机，从最开始的尝试性使用、附带性使用到现在的习惯性使用、依赖性使用，新媒介不断在向我们的生活渗透，个人生活、市场经济、社会结构都在悄悄地发生着改变。

（一）对网络媒体的使用

据中国互联网络信息中心第36次中国互联网络发展状况统计报告统计，截至2015年6月，中国网民规模达6.68亿，全年共计新增网民1894万人。互联网普及率为48.8%，较2014年底提升0.9个百分点。可以看到，从最开始互联网进入中国到现在，网民的数量已经达到了一定的规模，并开始进入缓慢的增长期。这种缓慢的增长意味着网民的结构开始走向稳定化。

对网络媒体的使用，既需要一定的物质基础（如相应的设备、网络），又需要一定的智力支持（如使用网络媒体的知识、技巧）。这就决定了网络媒体的用户群体相对集中于某一部分人群，而对于剩下的人群，只能在技术准入降低，自身知识水平提高后，才能增加接触的机会。

与传统媒体一样，对网络媒体的使用仍然是基于一定的使用动机。比如接收资讯，了解外部环境的变化；联系他人，进行社交；娱乐休闲，打发空余时间；获取知识，作为正规教育的补充等。值得一提的是，一些伴随而来的新动机：首先，网络媒体提供了自由发声的渠道，人们可以参与公共事务的讨论，并进行舆论监督；其次，网络媒体提供了一个展示自我的平台，并在展示自我的过程中，与他人进行社会交往；再次，网络媒体让线下生活线上化，人们可以在网络上购物消费、进行日常工作、专业咨询等。

（二）对手机媒体的使用

手机视频、手机阅读、手机游戏、手机检索这些都是手机发展形成的产物。它们反映出网众对手机媒体的不同使用形态，以及新的资讯获取方式。同时，手机媒体不仅仅是一个获取资讯的平台，它更是一种社交的工具。它将移动互联的概念植入人们的生活当中。在某种程度上，手机取代电脑，成为移动互联网的一个接口。各种SNS社区都可以通过手机接入。人们利用手机，分享自己的位置信息、拍摄照片视频上传、记录个人的心情，从而与他人建立联系。人与人的交往可以随时随地由个人发起。

不仅如此，手机还是个人的移动金融终端，通过手机，能够实现金融支付功能。通过绑定手机号、银行卡，手机消费得以实现。它不仅让消费变得更加网络化，而且促成了消费的移动化。如此一来，大家随时随地都可以通过手机来实现购买与支付。

可以看到，与网络媒体一样，手机媒体的使用伴随着不同的动机与特点。它反映了手机一族的形成与壮大，并在这个过程中产生了丰富的媒介使用体验。

第三节　从受众到网众角色转变中的博弈

从受众到网众，我们亲眼见证了这样一个转变。有的人为此狂欢，因为我们正迎来一个最好的时代。传播科技改变生活的道理从来没有像今天这样为人们所接受。也有的人惶恐不安，因为我们习以为常的规则就这样轻易被打破，我们对媒介日益依赖，以至于我们无法想象离开它们的生活。角色的转变让我们比以往更需要认清摆在我们面前的这把双刃剑。

一、从自由乌托邦到全景式监狱：网众的社会控制

社会学家詹姆斯·贝尼格曾假设，信息社会来源于由1840年铁路和其他蒸汽动力交通工具创造的控制危机。而社会控制一直都是媒介领域的一个重要议题。国家在维护社会稳定的同时，个人在极力争取自由，二者之间的博弈伴随着媒介发展的始终。

（一）自由乌托邦的幻想

“电子乌托邦”的幻想由来已久，它寄希望于媒介技术的进步所带来的社会解放。早期社会学家库利就断言“印刷意味着民主”。而在麦克卢汉看来，媒介的发展可以分为“部落文化”（口头媒介）、“脱部落文化”（文字、印刷媒介）、“重新部落化”（电子媒介）三个阶段，并指出这三个阶段对应的结果：“伊甸园”“人的堕落”“重返天堂”。虽然这些不免带有技术决定论的色彩，但是确实反映出我们在不断向“理想的国度”迈进。

如今，信息的控制权已经不再被媒介组织所垄断。人们可以进行自主的信息生产、信息传播。互联网所提供的是一个广阔空间，它具有极大的包容性，能够让各方都有自己的发声渠道。对于接收到的信息，网众有权

利选择赞同或者抵制。

诸如报纸、广播、电视都有着严格的准入机制，层层把关贯穿始终。国家机构、政治团体、经济组织的存在都会影响媒介的内容输出。因此，我们所接收到的信息只是传播者想让我们看到的部分，至于信息是否反映了实际状况，完整性如何，我们无从知晓。而在新媒体环境下，内容生产的工作一部分被网众所取代。信息经由网众传播，扩散速度如同病毒复制一般。网众能够发掘出自己认为有价值的信息进行分享，针对事件做出评论。自由的发言成为一项可以实现的权利。人人都有一个麦克风，可以随意进行观点的表达。同时，语言符号与非语言符号的运用，让把关人的把关活动面临空前的挑战。即便存在层层筛选机制，传播中的意义在网众之间互动的过程中不断发生变化，形成不一样的符号系统和话语体系。而这些足以跟官方的话语体系与信息监控相抗衡。

此外，信息源的增多意味着无法从根源上禁止信息的传播。人们对信息的获取已由国内拓展到国外，由单一语言获取发展到多重语言获取。新媒体环境下，技术精英不再为官方所垄断。民间技术精英的崛起意味着一部分人在限制信息自由流通的同时，另一部分人在不断突破限制，为其他网众带来信息自由获取的机会。在控制与反控制的过程中，双方争夺着役使权。

所有这些都似乎向我们表明，我们在向高度的自由迈进。网众在自我解放的同时，也在不断地解放着社会。

（二）全景式监狱的恐慌

虽然网众的呼声不断，但是我们所面临的状况远比想象中复杂。在自由不断实现的同时，我们也面临着前所未有的监控恐慌。

福柯曾经提出了“全景监狱”的概念，意指为了实现对监狱犯人的监视管理，可以将监狱建成一个类似古罗马斗兽场那样的环状。在监狱的中心建一个瞭望塔，监狱的窗子都对着中心的瞭望塔，这样一来，关押在监狱中的犯人就会感到一种恐慌，即他们的一举一动随时都会被看到。如今，数字媒介充斥着我们的生活，“全景监狱”的概念重新被提出，来佐证由监控带来的焦虑。

可以看到，技术越发达，我们的社会监控变得越简单。因为，在网络空间中存在着多重把关系统与多重把关方式，而这背后是一种复杂的控制机制。

二、从天涯若比邻到对面不相识：网众的社会关系

“海内存知己，天涯若比邻”这句诗，可以说是对今天移动互联网的最好写照。我们足不出户就可以与世界各地的朋友说话聊天，信息的完整性空前提高，传送速度趋近于零，维系遥远的关系变得经济便捷。然而，当我们沉溺于媒介使用的时候，以虚拟的社会互动代替现实关系的互动的时候，我们看到的是人与人的疏离，现实的沟通交流变得困难。而在这样的双重影响下，我们需要重新思考网众的社会关系。

（一）天涯若比邻的亲密感

新媒体带来了时间与空间的破除，对人际传播进行最大限度的还原，不仅能够进行实时的声音传播，还可以进行影像的再现。传播中的语言符号与非语言符号都被展示出来，不同地区时间的差异与空间的距离感均不复存在，这让传播沟通能够以最佳的方式进行。

我们不仅能够在一对一，或者一对多的会话中表达自我，还能够在社交平台上进行个人生活的记录和情感的流露。社交媒体除了提供一个信息流通的平台之外，它还为网众提供了一个记录、互动的场所。持续的内容生产，带来了丰富的个人讯息，按照约哈里之窗理论所提示的，我们在不断扩大彼此之间的开放区域，形成更多的共同意义空间，无论是默默围观还是回复他人，都可以带来相互的了解。

同时，在新媒体的使用过程中，人际关系网络逐渐趋于显现。人们以

强关系网络为出发点，不断辅助弱关系网络的建立。新媒体特有的推荐机制与聚类机制，能够将朋友、朋友的朋友都聚集起来。而在以往，这些关系的建立总需要特殊的时间、地点，由特殊的人和事件来导引。即便是已经建立了关系，要想很好地维系已有关系，其成本也十分昂贵。

如今，即便是相隔异地，人们也不必再像以前那样因天各一方而感到烦恼。熟悉的人可以嘘寒问暖，陌生的人也可以形成潜在的联系。在社交网络上，有相同兴趣爱好的群体建立自己的讨论组，交流分享生活的经验与趣味，并将线上的交往延伸至线下，虚拟的行为转化为现实的行为，网络和现实的界限开始模糊化：这一切迹象都表明，我们与他人的距离在拉近，因为传播技术，不同的人走到了一起，一些不适合直接表达的情感被以其他方式表达出来，我们从未像现在这样接近彼此。

（二）对面不相识的疏离感

虽然传播科技让人与人之间的联系变得越来越简单，但这种技术基础并不意味着它能实现人们的理想交往。来自反面的声音认为，在传播科技日益发达的今天，人与人之间不仅没有更加亲密，反而越来越疏离。

有学者指出，疏离感是现代社会的主要弊病，它有不同形式，事实上可以等同于疏远、退缩、脱离、混乱、无力、玩世不恭、无用、无意义等。有的学者认为，疏离感被看作个体对某些社会结构成分不满的标志，它尤其和经济、政治相关。我国学者杨东、张进辅等人通过一系列研究，提出疏离感是指个体与周围的人、社会、自然以及自己等各种关系网络之间，由于正常的关系发生疏远，甚至被客体支配、控制，从而使个体产生了社会孤立感、不可控制感、无意义感、压迫拘束感、自我疏离感等消极的情感。可以看到，疏离感是一种社会病理现象，它具有多个维度，其核心是基于人与人正常关系的破裂，从而导致冷漠、排斥、空虚、孤独等多种病态心理。

新媒体为我们创造了一个多姿多彩的世界，而这所带来的负面结果是人们沉溺于媒介使用当中不能自拔，宁愿独自玩电脑、看手机也不愿意与他人进行言语的交谈。甚至出现诸如上网成瘾的媒介依存症，因媒介使用无法得到满足时，感到空虚、焦虑、痛苦，有时还会产生暴力行为。亲朋聚会到处找无线网，谈话期间低头玩手机，人与人之间通过电子媒介交流，面对面时却无话可说。当人际交往以这样一种方式进行时，我们很难说人们的关系日益紧密了。

由新媒体带来的人的疏离，是网众研究中需要关注的一个问题。因为当中有两股力量的存在，一方面在拉拢彼此，另一方面在排斥彼此。在这两股力量的作用下，网众的社会关系也在发生变动，不同因素相互调和，其最终结果如何，仍需要进一步研究。

第五章 新媒体内容生产管理

新媒体内容（新闻、资讯娱乐、音、视频节目等）的生产和消费已经经历了三个历史时期。最早的一代新媒体内容是在20世纪90年代早期，在线服务和新闻组织制作简单的超文本，在网页上直接挂上在线副本及其他第三方内容，媒体和印刷媒体学会如何把它们放在网上。第一代网络内容没有计算性，也没像样的界面设计，只是传统媒体的附件。到了20世纪90年代中期，新媒体第二代内容就要丰富得多，一是互联网内容更加独立；二是移动网络的内容（手机报和视频等）也开始独立，新媒体公司进行采访和原始生产。不断更新甚至时时滚动更新变得更加普遍，在线音频和视频出现，使新媒体内容更直观和深入，以及互动聊天和在线讨论的火爆，大量的网站开始创造新闻、社交和专业社区。到了20世纪90年代后期，网络内容已成为一个重要的内容来源，与此同时，各种新媒体开始探索更长，更复杂形式的故事与持久报道，记者也开始采用电子技术收集信息和互动的来源，第三代内容网站主要是进行交互式应用程序的改进，提供一个全新的综合性新闻的经验，将为了吸引消费者，让观众能够与新闻人物访谈，参加新闻发布会，听证会，并且更方便地参加其他活动，同时手持信息设备和宽带接入对用户更有利。

第三代互联网内容不仅是要重振新闻业，还提供更多的机遇，让下一代新闻消费在面对全球新闻时身临其境，而不是看网络媒体对传统媒体的位移。从建立社会网络关系的角度来看，内容理解的性质和程度将是网页的重要功能，方便用户的参与和回访。媒体组织从现在起将面临的任务是使用户从事内容制作，同时充分利用独特的网络能力，实现双向沟通架构，使用户进入编辑环路，通过个性化设置，自定义配置文件，追踪感兴趣的专题，甚至修改界面布局如博客、微博、上传视频节目等。

新媒体内容在链接过程中高速增长，在互动功能中，极易获取，其人际沟通易于理解，未来的问题是内容如何智能化地聚类和分析，并随着语义网络的发展，能让世界上发生的任何事件或存在的任何信息自动生成和发布，用户只是新闻内的人物，传播本身只是心理学的范畴，传播本身就是内容。

第一节　新媒体内容概念的扩张

一、媒体内容的含义

内容生产、传输的数字化，以及内容接收终端的数字化对媒介内容的定义提出了新的要求。传统的以形式对内容进行划分的方式在媒体融合时代不太适应，消费者从终端接收的内容常常是文字、声音、图片等的综合。新媒体时代，对内容的定义主要有以下几种：

经合组织在 1998 年《作为新增长产业的内容》专题报告中，将“内容”分为两类：一是传统的视听和音乐内容；二是综合了数字文本、资料、视听内容等的多媒体服务。

“内容”一词在英语中的解释主要是“所容纳之物，所含之物”计算机专业术语中，将技术平台上承载的信息定义为内容。随着技术的发展，媒体技术处理的内容是综合的，用文本、视频、音频等词已经无法完全概括。

从技术角度来看，它们都是可以转换为“0”和“1”的数字信息。

日本学者研究中所使用的“情报”一词类似于我们所说的内容概念，它专门强调其应用属性，也就是针对特定信息需求而组合的信息。日本学者今井贤一提出了“情报A”和“情报B”两种分类。情报A主要是一种说明性信息，是对信息真实准确的反映；情报B主要是针对用户需求的一系列有意义的符号的排列组合。后者的定义和戴维·希尔曼在《数字媒体技术与应用》一书中定义的内容“是对每个应用者来说都是特定的和独一无二”有异曲同工之妙。

内容管理软件公司IBM认为，内容就是具有能够容易（数字化）、安全（权限控制）、快速（元数据管理）地进行共享和利用的信息资产。可以是文本、图形图像、WEB网页、业务文档、数据库表单、视频、声音文件等。它是一个比数据、文档和信息更广泛的概念，是对各种结构化文档、非结构化文档和信息的聚合。真正的内容不是单一的、无任何关联的一些文件，而是经过整理、加工甚至重构的具有利用价值的数字对象。

我国也有学者提出，媒体统合时代所产生的“内容”不仅是传统意义上的信息内容产品，还包括信息服务，即不仅是单向传播，而且还是交互的。并且，不仅是单纯的信息流动，还能够衍生出物质生产。

计算机专业术语中对内容的定义，指出了新媒体时代媒体内容的本质是数字化信息。日本学者的定义从强调受众的需求，指出内容生产目的，是为了满足特定信息需求。而IBM的定义则让我们看到了媒体内容的综合性，它们是文字、音频、视频等各种信息的有机组合，组合的目的是实现其价值。经合组织对内容的定义中，将多媒体服务包含在内。那么多媒体服务究竟是不是属于媒体内容呢？这是对媒体内容进行重新定义时最需要进行探讨的方面。

在媒体融合时代，消费者信息消费活动除了传统的指被动接受的广播、电视等模式，还包括视频点播、RSS聚合的内容定制、搜索引擎的自我搜索等形式。在这些模式下，媒体提供给用户的首先是一种服务，用户根据自己的需求选择信息或信息组合的模式，其次才是为用户提供内容。技术发展使用户的信息消费更主动，选择权更大，媒体与其说是内容提供者，不如说是提供内容数据库和便捷的内容搜索方法的服务机构。

考虑到内容和服务的关系、内容的本质属性，我们将媒体融合情境下的媒体内容定义为：媒体为满足特定的用户需求，所提供的信息或信息组合的服务。之所以将中心词落在服务上是因为它是比信息更广的概念。而且，随着技术的发展，消费者和媒体之间的互动会越来越多，主动性也越来越大。传统的“推送”内容提供方式将越来越多地被用户“拉”取自己所要的内容所取代。在这样的内容提供方式下，媒体提供给用户的产品将首先以服务的形式呈现。

二、媒体内容的分类

媒体内容的分类有多个角度，我们从新媒体管理的角度列举两大分类。一是从管理层次上分，即内容分为三个层次：首先是独立的内容元素，主要包括四类：文字、图片、声音和图像。有些情况下，这些元素可以成为独立的内容产品，但大多数时候，它们是作为内容生产的元素被使用的。其次是通过一定的逻辑关系集成的内容，即通过一定的逻辑联系将独立的内容元素组合在一起形成的内容。例如，将图片和文字结合在报纸上的报道，将声音、文字和图像信息集合在一起形成的电视节目。最后是按照用户的需求组合在一起的独立内容的集合。这类内容最典型的例子就是我们经常会在邮箱里见到的推送的信息集合。按照这三个层次对媒体内容进行区分有利于媒体对内容进行管理。

二是从内容是否结构化分为结构化信息和非结构化信息。结构化信息是指那些经过分析后可以分解为多个相互关联的组成部分，且各个组成部分之间有明确的层次结构，它们适合用电子数据库进行管理。非结构化内容在数据库中的存储主要通过元数据来实现。元数据是指描述内容的作者、标题、分类信息等数据，是对非结构内容进行存储和检索的重要途径。

三、新媒体内容的特点

日本现代管理学者对媒体产业的观点是：传媒业飞速发展，竞争的成功依赖于创新。内容的创新是媒体业最古老的，也是现在最重要的经营。从新媒体产生以来，媒体内容的形式和提供方式都发生了很大变化。其内容的含义也有了很大的变化。

新媒体内容与传统的报纸、广播和电视媒体不同，新媒体中很多并不是内容的直接提供商，尤其是很多网络媒体，最典型的就是谷歌。曾经有学者对谷歌是否是媒体公司表示怀疑。市场观察网站的乔恩·弗里德曼提出，谷歌不是媒体公司，因为和其他媒体公司不同，它并不制作内容，它只是汇编各种数据，然后为人们提供信息、新闻或录影。而付费内容也就谷歌是否是媒体公司进行了讨论。媒体公司的通常定义是任何向受众提供信息，或通过广告等其他形式接触受众的公司。谷歌、雅虎等公司接触受众的方式是向其提供独特的聚合搜索结果，聚合是一种新内容。公共新闻运动的发起人之一，纽约大学新闻传播学院的杰·罗森也曾说过，媒体不是内容，而是形式。我们认为媒体既是内容也是形式正如麦克卢汉所言，媒介即信息，现在一些新媒体，尤其是网络媒体正是这句话最好的印证。

谷歌的直接内容是为用户提供的聚合搜索结果，即我们每次输入关键词之后出来的相应网页。当我们通过页面上的连接访问其他网站时，所得到的内容就不再是谷歌的了，而是属于该网页的。和谷歌不同，还有一些其他一些网络媒体，如一些内容定制服务，它们会直接向受众呈现他们感兴趣的内容。这些内容的来源非常庞杂，形式也很多样，有文字、图片、音频，有些甚至还有视频，微博就是典型的代表。近年来，手机媒体的移动增值服务发展也很迅速，它可以为用户提供短信、彩信、彩铃、WAP、移动位置、手机游戏等服务。如果以传统的媒体内容定义，我们很难对手机媒体所提供内容有全面综合的认识。

传统媒体的内容来源相对比较清晰，且内容形式也较单一，报纸主要提供文字和图片信息，广播主要提供音频信息，而电视提供的则主要是视频信息。在新媒体时代，信息以多种形式存在，受众可以自由选择想要的形式，也可以由媒体提供不同形式的内容组合。传统媒体的信息是面向大众，而新媒体则可以以分众化形式为不同受众提供不同的信息。很多提供免费邮箱服务的网站都要求用户填写一些基本信息，然后根据用户的不同，发送用户可能感兴趣的内容到其邮箱，复杂社会碎片化的信息被分众化的新媒体产业经营方式所适应。传统媒体提供的主要是符号内容，而新媒体提供的很多都是服务，上面所说的谷歌就是很好的例子。新媒体的迅速发展，使得现有的媒体内容的定义不太跟得上需要，我们需要结合媒体的发展现状和前景给媒体内容下一个与时俱进的定义。

四、新媒体的内容融合

凯文·曼尼所提出的“大传媒产业”从本质上来看还是传媒产业，主要还是包括媒介内容的生产、传输和接收这三个环节。其中，媒介内容的生产是基础，没有内容，整个传媒产业就成了无水之源。传输网络和接收终端的互通性和互联性使媒介内容以统一形式传输成为可能，同时也是对媒介内容进行融合提出了要求。只有媒介内容也融合了，才能提高整个“大传媒产业”的效率，给传媒产业带来真正深刻的变化。因此，内容融合是媒介融合的必然要求。

1. 新媒体技术推动内容融合

对于数字技术给人们生活带来的改变，尼葛洛庞帝早在其 1997 年出版的《数字化生存》一书中向我们做了详细描述。他指出，在以比特为基础的数字化空间里，信息可以极快的速度进行无限距离的传输，在它传播时，时空障碍完全消失，这些都是现实社会中那些采取“模拟”形式传播信息所无法做到的。因此，在数字化空间，人类可以随时随地完全按照自己的所需获取更加大量、更加清晰的信息，而不再受社会中信息传播的时间、地点的困扰。此外，当信息以比特形式出现后，就为人类彻底地共享信息提供了可能，人们可以将计算机连成一个大网络，可以无限制地调动自身感兴趣的信息。

数字技术的发展可以将传统媒体传输的图像、文字、影像、声音等信息转化可以用来表示的数字。这样就可以用数字化技术采集信息；也可以将原有的模拟形态的信息数字化；数字化之后可以用数据库技术对这些信息进行存储、检索、查询、浏览等；还可以很方便地对其进行修改和再利用等。数字技术使图像、文字、声音等不同形式的信息进行自由组合，使一次性采集的信息在不同时间，以不同形式得到充分的再利用，变相降低了信息采集的成本，也方便了信息产品的制作。国内很多电视台和广播电台正在筹建的媒体资源管理系统就是数字化技术运用得很好的例子。他们将所有的包括文字、声音、图像等的信息以一定的编码方式进行存储，这些信息可以在节目采集、制作、查询、管理、编排等环节为所有人员所共用。

网络技术的发展使得电信网络、广播电视网络和宽带网络三种网络得以融合。需要注意的是，网络的融合并不意味着只有一种网络，而是这三种网络使用同样的技术标准。同样的技术标准使得这三种网络都可以传输数字化的信息。理论上来说，使用不同网络的用户可以获取同样的信息和服务，只是在现有的技术条件下，服务的速度等还有所差别。

电子技术的发展催生了“3C合一”的概念，所谓3C包括电信、计算机和消费类电子产品。终端融合的代表是3G手机和各种手持终端，如ipad等，利用它我们可以接受所有声音、图片、影像等信息，只要它们转化为数字形式。利用它，我们既可以打电话、也可以上网，还可以进行各种各样的娱乐活动。媒介融合的最终目的是要满足消费者能够随时随地按需接收信息的需求，电子技术的发展使得以同一形式提供信息成为可能。

综上，数字技术、网络技术、电子技术的发展使内容融合成为可能。但若没有市场和受众需求的推动，内容融合也只能是停留在技术层面的童话而已。

2. 媒体市场需求拉动数字内容的多样性和大容量

数字技术和网络技术的发展，增加了媒介终端的数量和种类，同时使终端媒介的存储成本降低，容量大大增加，这刺激了消费者潜在的对内容的规模化需求。同时，技术的发展削弱了内容传输和接收的时间和空间界限，使随时随地获取内容成为可能，这样的可能也刺激了消费者对内容获取的需求。此外，新的技术还创造了很多新的内容产品，刺激了消费者对内容产品多样性的需求。

在数量上，我国对数字内容的需求已经呈现快速增长的趋势。据企业网调查分析，在各方面有利因素的推动下，2021年中国数字内容产业规模继续保持快速增长，其市场规模达到了14009.6亿元，增长率25%，显示出了极大的发展潜力。

在应用方式上，宽带技术和移动通信技术的发展，使消费者随时随地获取所需的内容成为现实。据中国互联网中心的报告，截止2023年12月，中国网民规模达到10.92亿人，普及率达到77.5%。我国拥有如此数量巨大的宽带网民和手机上网用户，他们对内容的需求也是很庞大的。除了传统的传媒产业，移动运营商也开始以增值服务的形式为用户提供内容服务。

3. 新媒体内容价值链的整体性

在技术和市场的共同推动下，产生了媒介内容的融合，具体是指在数字技术、网络技术和终端制造技术发展成熟的情况下，从媒体内容生产、传输到消费的整个体系以数字技术为中心形成一个连贯的整体。数字技术的发展使得各种形态的内容都可以用“0”和“1”来表示，它打破了内容对媒介形态的依赖。从而内容得以从印刷、广播、电视等媒介中分离，原本依赖于不同媒介形态的文字、声音、影像信息可以在同样的技术平台上进行生产和交易。数字技术减少了媒介内容生产对物质实体的依赖，原本需要巨资实景拍摄的影像可以很容易地通过特技等来实现。同时，它还可以对内容素材进行多次编辑利用，这些都降低了内容生产的成本，从而使媒介产品的大规模生产成为可能。而终端的技术的发展增加了消费者对内容的规模化需求。同时，网络技术的发展使得媒介内容的交换和交易更为便捷。这样，在媒体融合的时代，媒介内容可以以融合的方式生产、传输和消费，使得内容从原先以报纸、广播、电视等媒介形态划分的“竖井”中解放出来。这里以内容的形式或它们所依赖的媒介来定义的内容在媒体融合的时代就不太准确了，我们需要发展出新的对内容的诠释。

第二节　新媒体内容生产流程再造

激光数字照排技术代替铅字印刷，使得印刷业告别了“铅与火”的时代，大大缩短了媒介内容生产的流程；20 世纪计算机软件的应用简化了编辑流程；而数字技术的进一步发展将使出版的各个流程都可以在一个软件平台上完成，大大改进媒体内容生产的流程。

从前报纸、杂志、电视、广播等媒体都是独立运行的，内容的生产也只在各种媒体内部进行。技术的发展使文字、图片、音频、视频等内容都能以数字化的形式生产和传播，减少了内容转化和交换的成本，不同媒体的内容生产不再局限在媒体内部。对于同样的主题，媒体内容生产者可以在同样的平台上进行内容策划、内容采集等操作，最后将内容加工成不同的形态在不同的媒介上发布。报纸、杂志、广播、电视等的内容可以在同一个平台上生产，这是新媒体内容生产与传统媒体内容生产方式最大的不同。

新媒体内容生产流程中，将报纸、电视、广播等不同媒介的内容生产发在一个平台上，降低生产成本的同时，提高了内容生产的效率。内容的生产包括内容获取、内容的粗加工、内容的存储、内容的检索、内容的再次加工、内容的发布等六个部分组成。

媒体内容生产的第一步是内容的获取，否则媒体内容的生产就成了无米之炊，无源之水。获取内容之后，有些经过简单的编辑加工之后就直接发布了，经过粗加工或原始内容会进入存储系统，留待以后生产备用。内容在存储系统中以一定的规则存储，便于以后的信息查找。合理的检索系统将加快内容检索的速度，提高检索的精确度。存储在内容存储系统中的内容通过检索系统被提取出来，根据市场和用户的需求，和其他内容结合起来，被加工成新的内容产品，得到再次利用。

一、新媒体内容获取

新媒体内容的采集呈现新的特点：采集的素材日益多媒体化，融合了文字、图片、音频、视频等内容。新媒体内容的采集是全方位的，这也对内容采集的主体提出了更高的要求，传统记者的分工日益模糊，记者需要具备文字记者、摄影记者、录音记者、录像记者所特有的技能于一身，被称为“全能记者”；采集工具的数字化。内容采集的硬件和软件都日益数字化，数字化的硬件主要有数字录音笔、数码相机、数码摄像机等，软件包括搜索引擎、联网数据库等。运用这些数字化的工具，可以迅速而高效地完成内容采集任务，内容采集者应能灵活熟练地使用这些工具；内容采集方式的多样化。从前的内容采集多采用实地采访的形式，而新媒体时代的内容采集可以通过网络利用在线采访、电子邮件等方式进行，还可以通过BBS、搜索引擎等方式获取所要的素材。内容获取的途径主要有三个：一是内容的自采集；二是抓取其他媒体的内容；三是用户制作的内容。

1. 媒体内容的自采集改造

过去的内容采集绝大多数是以媒体自身为主体的。报纸和杂志的内容采集是指记者的采访、摄影记者拍摄的图片资料、摄像记者拍摄的视频资料等；广播的内容采集是指记者的采访录音、节目录制的原始素材等；电视的内容采集是指摄影记者拍摄的视频资料、未经剪辑的原始的视频信息等。

各媒体之间处于分割状态，甚至是一些大型的传统集团，报纸、杂志、电视、广播等媒体仍然各自为政，都有自己的新闻采编队伍，采集符合自己媒体风格和需要的内容。随着数字技术和网络技术的发展，国家政策的支持，使得大型的跨媒体的传媒集团开始出现，媒体融合和内容融合的现象越来越明显。如果不同形态的媒体还坚持保持各自的采编队伍，必然会造成巨大的资源浪费，并不能真正达到成立大型传媒集团的目的。为了使同一传媒集团旗下的各媒体资源得到充分运用，形成合力优势，必须要对媒体内容的采集过程进行适当的优化。

2. 用户制作的内容

新媒体时代，媒体内容生产的技术门槛和资金成本都大大降低。电影这样从前耗资巨大的媒体内容也可以由一些业余爱好者拍摄、制作，然后通过网络等渠道发布。通过博客、播客等媒体，人人每天都可以从事内容生产活动。传统媒体或多或少都受到网络媒体等新兴媒体的影响，一些媒体的议程甚至是从网络上吸收而来。另外，很多传统媒体都建立了自己的网站，网站上受众对媒体内容的反馈也是媒体内容的来源之一。

以上这些就是所谓的交互式内容，即有用户参与制作的内容。按照用户参与的程度可以将交互性内容分为有限交互和完全交互两类。完全交互是指完全由用户参与制作的内容，如博客、播客、微博等，有限交互是指用户部分参与的内容，如用户在网络媒体的内容后面的留言、群组讨论等。交互性内容是网络媒体与传统媒体相比最大的优势所在，很多网站都将其作为其最重要的吸引用户的资源。分析新浪、搜狐、网易等门户网站的内容，可以将其内容分为以下几类：来自传统媒体的内容、用户博客、微博用户上传视频、网络论坛、嘉宾访谈、彩铃下载等服务。其中，用户博客、微博用户上传视频、网络论坛都是需要用户参与其中的交互性内容。一些Web2.0网站，如维基百科、豆瓣等，内容几乎全部是由用户自己制作。大量用户制作的内容成为网络媒体和传统媒体内容的最大的区别。而一些搜索引擎网站，如谷歌、百度等则完全没有自己原创的内容，它们主要向用户提供搜索服务，他们的内容采集则通过专业的网络算法实现。

用户参与制作的交互性内容的获取有两个关键：首先，网络媒体需要为用户提供使用方便的内容上传平台；其次网络媒体要提高自身的影响力，通过设置受众感兴趣的话题等途径，吸引更多的人参与到自己的平台上来。根据梅特卡夫定律，网络价值以用户数量的平方速度增长，吸引更多的用户不仅能使网站获得更多的用户制作的内容，还可以提高网络媒体自身的价值。

3. 其他媒体内容的抓取

传统媒体时代也有对其他媒体内容的抓取，主要形式是媒体向各大通讯社和垄断性的媒体进行专业内容采集机构购买。随着网络技术的发展和普及，很多传统媒体都建立了自己的网站，每日即时向外发布内容。新浪、搜狐等网络媒体每天也在它们的网站上发布很多内容。网络媒体成为一个巨大的内容库。而且，网络媒体并不是亦步亦趋地跟随传统媒体。相反，传统媒体的很多议程都受到网络媒体的影响。因此，若想在媒体行业的激烈竞争中处于优势地位，就必须考虑网络媒体这个巨大的内容库。

但是，要从每时每刻都在产生庞杂的信息里挑选出有用的内容相对比较困难。非搜索引擎类网络媒体的内容采集多是由人工完成。网络媒体内容的生产流程和传统媒体有些相似，但是和传统媒体不同的是，它只设有编辑部。每周召开一次编辑部例会，确定每周的报道主题、重大策划主题等。在此基础上，值班编辑每天召开编辑会议，确定每天要报道新闻和稿件，筛选出首页新闻和重点报道。各栏目编辑负责按照编辑会议的要求，进行栏目内报道专题的策划，稿件的组织和协调工作。网站内容采集最基础的工作是由助理编辑完成的。他们需要有敏锐的眼光，能最快观察和注意到突发信息然后进行内容重组，有些网络媒体甚至是照转。传统媒体也可以学习网络媒体，设立专门的部门对网络媒体上的内容进行实时监控。

4. 跨媒体内容采集系统

网络媒体和传统媒体互相影响的趋势越来越明显，任何媒体的信息采集都不能只局限在自身的媒介形态内。网络媒体需要转载传统媒体的内容，而传统媒体的报道议程和报道风格也日渐受到网络媒体的影响。只局限于传统媒体和网络媒体的内容采集系统已经不能完全满足市场需要，社会需要建立新型的跨媒体的内容采集系统。

新型的内容采集系统需要兼容传统媒体和网络媒体的内容采集系统，通过各种渠道和技术方法，接收到来自不同来源、不同形式的信息，并对其进行格式转换，经过去除重复信息，信息分类等操作后，存入同一的数据库，供后期内容搜索和内容产品生产的需要。同时，由于网络媒体每时每刻都在产生信息，新型的内容采集系统需要有实时监控系统，时刻监控网上的信息更新，自动存储新信息。

二、新媒体内容的存储

获取内容之后，需要以有序的形式存入数据库系统中，以方便内容的检索。前面已经提到，媒体的内容多是非结构化的，这些内容的存储需要依赖于元数据和附件数据。元数据是指一组描述内容的背景信息的数据，如内容的大小、生产日期、版权、来源、压缩格式、主题、关键词等的信息。所谓附件数据，是指与对象数据相关的、由对象数据衍生的数据，如从视频数据中提取的关键帧数据。

新媒体内容存储的技术主要包括下列步骤：

1. 内容的数字化

内容在存储系统中以数字数据的形式存储，非数字化的内容要先经过数字化之后才能进入系统。现在大多数的内容生产设备都是数字化的，可以直接进入系统。最需要进行数字化处理的是大规模使用新媒体设备前业已存在的内容，国内一些媒体内容的数字化改造工程已经完成或正在进行中。

2. 元数据的创建

元数据的创建是一项费时耗力的巨大工程，很多元数据的创建需要具有专业技能的人通过手工操作完成。那些由传统媒体内容数字化之后转化而来的内容，其元数据很多都丢失了，需要专业人员对他们进行编目信息的统计。图片、音频、视频等内容的元数据则没有统一的标准，不同的人对同一张图片、同一段视频的主题、关键词等元数据的确定可能是完全不同的，这就需要专业人员对其进行管理。现在网络媒体也开始重视元数据的管理，很多网站都要求用户上传内容的时候提交相应的关键词、主题等信息，以便于网站内容管理和其他用户内容检索。内容管理系统能否提供自动提取关键词、主题词等数据的方法决定了内容存储的效率。

3. 附件数据的提取

如果元数据是我们写论文时用到的关键词，那么附件数据有些类似于内容摘要。附件内容形式是多样的，对于视频信息既可以是关键帧、重要镜头、有代表性的片段，也可以是字幕信息，或者其他任何和视频内容相关的信息。通过附件数据，可以了解内容的关键信息，在搜索时可以较快确定内容是否是自己所需要的。附件内容的提取通常也需要人工进行，尤其是对于非文字的视频、音频内容而言。附件内容和元数据中的主题词和关键词有一定的相关性，又不完全相同，关键词和主题词相同有时内容则可能完全不同。附件数据在元数据的基础上，对内容进行了进一步的细分，减轻了内容检索时内容管理系统的负担，提高了内容检索的精确度。如果没有附件数据，仅通过元数据进行搜索，搜索出来的结果可能是巨大而且庞杂。在附件数据的帮助下，用户就可以对内容有更细致的了解，更精确地选取自己所需的内容，提高内容检索的效率和精度。

对于视频内容，现在已经有软件可以自动进行附件数据的提取。利用该软件，可以根据跳变点的两种类型（突变和渐变）对视频序列进行探测，自动找出跳变点，根据跳变点将视频序列分割成段，并将这些段抽取出来，显示其关键帧以及该段在整个视频序列中的相对位置。同时通过视频运动切片等技术，进行摄像机运动检测，提取摄像机运动参数，并利用镜头检测结果、场景及摄像机运动信息对视频序列进行索引，自动建立层次化的视频结构，包括视频流、视频节、场景、镜头、图像组和视频帧共6个层次。

4. 内容的归类

内容存储系统有些类似我们常用的论文检索数据库，若要对内容进行更精确的检索，仅有元数据和附件数据还不够完备，还需要对内容进行归类。论文检索数据库通常会按照文摘的作者、写作年代、所属领域、被引用次数等进行归类，媒体内容的存储系统也可以参照论文归类方法进行，根据内容的生产者或生产单位、生产日期、被使用的频率等进行归类。但是，媒体内容与论文检索系统不同，媒体内容的形态呈现的是多样的和复杂的，不仅有文字，还有图片、音频、视频等。存储的时候它们分属不同的系统，但是也可以进行跨库检索，即输入一个关键词之后，同时出现与之相关的文字、图片、音频和视频信息。

新媒体内容常常不断变化，这就要求内容存储系统也是动态和开放的，可以随时更新、更改系统中的内容。此外，内容采集过程中难免会出现重复的信息，内容存储系统需具有识别重复内容的能力，并自动删除，这样归类可降低存储成本。

三、新媒体内容的检索与索引

人类知识的存量浩如烟海，人们想要获取知识创造了两种方法，一是检索，二是索引。检索是对已有的知识进行深度和广度获取的工具。而索引常常是人们面对完全未知的知识方面来获取知识的引导。

（一）新媒体内容的检索

内容检索是指从内容的存储系统中提取所需要的内容的操作，检索的主体可以是内容产品生产者，也可以是受众。内容检索系统是内容存储的目的，它帮助内容生产者迅速找到所需要的内容，以便于进行进一步的内容生产活动。内容检索有三个关键，一是检索策略，二是检索结果的显示，三是检索信息的记录。

1. 检索策略

在内容检索系统里，检索策略是指系统所提供的检索方法，它和内容存储系统密切相关。在一般的论文检索系统会提供根据题名、关键词、摘要、作者、作者单位、全文、参考文献等的检索。在媒体内容检索系统里，我们也可以采用基于内容名称、生产日期、生产者、内容的形式与格式等元数据的检索。同时，对于文字信息，也可以进行全文检索。图片、音频、视频内容的检索则要依赖于在存储时所提取的附加信息。一般音频信息还可以根据歌词、背景材料等来检索，而视频信息则可以根据故事梗概、字幕等信息来检索。

2. 检索结果的显示

内容检索的结果有时非常庞杂，若这样庞杂的内容以无序的状态展示在用户面前，不管是对内容生产者进行内容再生产，还是对一般受众获取内容，都增加很多烦恼。为了方便用户，内容需按照一定的顺序排列在用户面前，至于具体按照什么样的顺序则要看用户的要求。根据内容存储时元数据的选择，可以按照生产日期的先后、作者的姓氏笔画等来排列。检索结果除了按照特定顺序排列之外，最好还能按照检索出来的内容之间的关系进行排列。这有些类似于有些论文检索系统在检索结果后面提供的论文的参考文献。以这样的方式显示的检索结果，不仅有利于用户对检索结果的全面了解，而且可以为他们提供和他们目的相关的内容，代替用原有的检索方法未检索到的结果。

3. 检索信息的记录

通过记录用户的检索信息，可以更好地为用户提供内容服务。记录特定用户的检索信息，推测出用户的对内容的偏好，建立完善的用户信息数据库，更好地为用户提供服务。通过比较不同用户的检索信息，可以了解内容之间的隐性联系，若检索了某一内容的用户，都不约而同地检索了另外的一项内容，可以推测这两个内容之间存在某种联系。以后用户检索其中的一项内容时，可以将有关另一项内容的信息也列出来，供其参考。这一点做得比较好的是豆瓣网的“豆瓣猜”栏目，它通过记录用户的收藏和感兴趣的内容，用户对不同内容的评价，以及用户好友的偏好，推测出特定用户感兴趣的内容。若能将这样的推测策略运用在内容检索系统中，对提高内容检索服务的质量将是十分有益的。

（二）新媒体内容的索引

内容索引是揭示文献内容出处，提供文献查考线索的工具，指引用户查找信息。有不同的种类，如按文种分，可以分为中文索引和外文索引；按收录范围分，可以分为综合性索引和专题性索引；按收录文献的时间分，可以分为近期索引和回溯性索引；按索引款目的栏目分，可以分为题名索引、著者索引、语词索引、主题索引、分类索引等。索引可以揭示了一本书、一套期刊、一个数据库信息的基本情况，如篇目、文句、关键词等。可以深入、完整、详细、系统地为读者提所需文献的具体线索，其本质特征是只揭示内容出处或文献线索，并不直接提供事实、资料本身。

1. 内容索引的功能

主要功能是为人们准确、迅速地获得文献资料提供线索性指引。常见的索引主要有报刊论文资料索引、文集篇目索引、语词索引、文句索引、关键词索引、专名索引、主题索引等。20 世纪 50 年代，计算机技术被运用于索引编制。此后，机编索引的大量出现，使索引编制理论、技术、索引载体形式发生了深刻变革。

2. 数据库索引

使用索引可快速访问数据库表中的特定信息。索引是对数据库表中一列或多列的值进行排序的一种结构，如果要按姓查找特定职员，与必须搜索表中的所有行相比。数据库使用索引的方式与使用书籍中的索引的方式很相似，它搜索索引以找到特定值，然后顺指针找到包含该值的行。

在数据库关系图中，可以在选定表的“索引键”属性页中创建、编辑或删除每个索引类型。当保存索引所附加到的表，或保存该表所在的关系图时，索引将保存在数据库中。

3. 新媒体内容索引的优缺点

索引的优点是可以大大加快数据的检索速度；创建唯一性索引，保证数据库表中每一行数据的唯一性；加速表和表之间的连接；在使用分组和排序子句进行数据检索时，可以显著减少查询中分组和排序的时间。

索引的缺点主要是索引需要占物理空间；当对表中的数据进行增加、删除和修改的时候，索引也要动态地维护，从而会降低数据的维护速度。

4. 网站索引

网站索引可以实现对视音频内容的智能分析、自动编目、自动索引；通过 Full Text Search 引擎，实现面向海量的中、英文文本、网页、XML、

DOC 等文档内容进行自动索引，并提供精确、高效、全面的查询；对百万条数据，检索反馈时间在数毫秒之内，支持按关联度、分类及优先策略显示检索结果，便于用户快速找到自己需要的信息。

5. 索引互联网

许多搜索引擎的网站都是在做搜索互联网的工作，而 Google 最近号称自己的使命是“索引互联网”。索引互联网有三种方式，一是所谓“地图”方式，进行网络的详细导航；二是在内容上做标签，自动建立索引；三是在利用搜索结果的排名做用户投票方式的索引。上述三种方式其目的不一样，地图方式是建立新媒体知识管理体系，标签方式是为了更广泛地传播其索引内容；搜索排名索引有利于知识更新和追逐热点。

四、新媒体内容的加工

新媒体内容加工是通过对各类信息资源进行重新编辑和整合，以提高传播效率，实现信息价值最大化的一种编辑方式。它包括传统内容编辑中的增补、删减、改写等手段，但与之相比，它又更宏观。新媒体内容加工包括对各种形式信息资源的整合。这些资源既有来自报纸、电视等传统媒体，也有来自网络手机等新媒体。既有文字信息，也有图片、音频、视频等信息。整合并不是将来自各种途径的不同信息简单地堆砌在一起，而是围绕着一个中心或主题对信息进行重新组合。这其中，可能要打乱信息的结构，将其与其他形式与之相同或不同的信息排列在一起，为表现主题服务。严格来说，整合是在原有信息基础上的内容再造，目的是实现信息价值的最大化。

内容数字化之后可以降低成本进行多种形式的加工，通过多种渠道传播。一条关于甲型 H1N1 流感的信息经过相应的加工后可以以简讯、报道或深度报道等形式刊登在报纸上；以专题的报道的形式登载在杂志上；而在网络上则可以表现为滚动的简讯、系列报道或包含了很多超链接的专题报道；如果将其发送到手机上则成为一条短消息；在电视上可以形成画面；甚至在一段时间后可以被改编为纪录片或电影。数字技术的发展使内容的加工变得容易，而新型内容管理平台的出现大大减轻了内容整合的成本。新型内容管理平台提供了大量可以用来编辑和调整内容的工具，可以处理文字的、图片的、视频的、音频的和多媒体等多种形式的内容。

技术的发展使得内容的加工和整合成为可能，而市场和受众的需求则使这样的可能成为必需。随着技术的发展，出现了网络媒体，它每天都产生大量的内容。一方面给传统媒体造成了巨大的压力，各个网络媒体相互竞争也十分激烈。在传统媒体时代，内容的生产者是有限的，靠着自身采集的内容就足以吸引受众。现在，他们面对着来自网络媒体的竞争。网络媒体提供的海量信息为受众带来了几乎是无限的选择，受众由被动变为主动。若不能生产出吸引他们的内容，传统媒体将面临失去生存空间的危险。另一方面，网络媒体带给受众很多选择的同时也陷他们于茫然不知所措的境地，网络媒体仅靠无序地堆积大量的内容并不足以使其与传统媒体相抗衡。为了使得自己在和传统媒体和其他网络媒体的竞争中取得一席之地，网络媒体必须对自己所获得的原始内容进行有组织的加工。

1. 内容加工的方式

简单来看，内容加工方式有两种：一是简单的编辑，二是内容的整合。这里所说的简单编辑是针对单一稿件而言。对新媒体内容的简单编辑基本和传统媒体内容的编辑一致，包括对文字内容的增删、改写，对图片、音频、视频的简单调整等。与传统媒体不同的是，新媒体内容的编辑还包括内容形式的修改。从前媒体内容的生产多是“竖井式”的，报纸主要生产供报纸登载的文字和图片信息，电视主要制作视频内容用来播放。而数字技术的发展某种程度上打破了这种竖井，媒体的融合和大型媒介集团的出现，使得报纸采集的文字信息可以为电视视频节目的制作提供帮助，报纸、电视等传统媒体的内容可以在手机、PDA、Intemet、Kindle 等电子阅览器上传播。内容接收终端的不同，会影响其对内容的长短、格式等的要求。同样的文字内容若要在手机上显示必须比在报纸上登载的短小精悍，视频内容在短小精悍的同时还要符合一定的格式要求。因此，新媒体内容生产者在进行内容编辑时，必须根据终端消费的不同，对内容的长短、格式等进行编辑。在数字化的内容管理平台上，无论是对内容的编辑，还是对格式的转换都很容易。

从上文提到的内容生产流程来看，有些内容采集来之后只要经过简单的编辑就可以发布，而有些内容在此之前则需要经过整合等再加工。从形式来看，内容整合包括对各种图片、视频、音频等的整合，包括为文稿配上合适的图片、背景音乐、视频等。从规模来看，内容的整合包括单稿件整合、多稿件整合和专题整合。单稿件整合是在对稿件进行简单编辑的基础上，为其配上相关的图片、音频、视频、背景信息等，以便于受众对内容的理解。多稿件整合则是根据一定的主题，选取来自不同媒体的不同作者的稿件中的信息，进行重新组合后形成全新的文稿，并配上文字、图片、动画等内容。专题整合则是根据同一主题，选取来源不同、角度不同的内容，将它们放在同一个专题下，形成内容群。专题整合后的内容信息量大，角度多，便于受众对专题有全面而深刻的了解。专题整合与多稿件最大的不同，在于它最终形成的稿件是多篇的。这些稿件中既可以有来自传统媒体和其他网络媒体的，也可以有来自受众的，这样的内容整合形式更灵活地将受众感受考虑进来，增强了内容对受众的吸引力。

专题整合的内容是网络媒体相对传统媒体最大的优势，网络媒体特有的超链接形式使得受众可以无限制地从一个网页链到另一个网页，让有限的页面空间可以承载无限的内容，传统媒体怎样都无法做到这一点。专题整合也因此成为网络媒体吸引受众常用的手段。以 2009 年 6 月 5 日，中央电视台《新闻联播》主持人罗京逝世的消息为例，网易和新浪两个网站都推出了专题。网易的专题报道分为最新报道、友人悼念、博客缅怀、罗京患病回顾、网易网友沉痛哀悼、罗京相关新闻等相关分类，同时配有图片、视频等内容；此外还有罗京婚姻史、罗京事业奋斗史、生活花絮等背景信息；甚至还附有何为淋巴癌、历届《新闻联播》主播这样的相关内容。新浪网还在专题里做了题为“你最喜欢罗京主持风格”的调查。专题整合的内容所涉及的广度和深度非传统媒体所能及。

对内容的简单编辑和内容的整合是相互融合的，对内容的简单编辑可以说是贯穿内容整合过程始终的。在对内容进行各种整合之前需要对其进行简单的编辑，在整合之后同样也需要根据终端的形态调整内容的格式。

2. 内容加工的原则

内容加工的根本目的是要实现其价值的最大化，这需要从质和量两方面着手：一是提高内容单次利用的价值；二是要让内容得到尽量多的利用。落实到内容加工上，就是要同时考虑受众和终端的需求。

在新型内容管理平台上，各种形态的内容可以方便地被存储，内容之间的转换成本大大降低，内容生产者可以迅速方便地调配不同时间范畴的内容资源，针对特定目标的需求对其进行再加工，生产出满足不同受众需求的内容。同时，不同媒体间也可以通过统一的平台互通有无，相互利用对方的资源，这大大丰富了媒体内容的种类和数量。媒体内容数量的增多，网络媒体等互动性很强的媒体的出现，在丰富受众选择的同时也推动了他们对内容的需求。他们不再满足于传统媒体提供给他们的信息，而是选择满足他们自身特定需求的内容。根据受众需求，为其量身定制内容也是新经济的特征之一。哈佛大学教授 Joseph Pine 在《体验经济》一书中提到，新经济是消费者普遍要求“量身定制”的经济，因为只有“一对一”的量身定制服务才最有希望给消费者留下深刻印象，从而使消费成为一种体验，一种非我莫属的人生阅历，从而愿意为这种体验所支付的价格以数倍甚至数十倍于我愿意为“大众消费”所能产生的平均或平庸感受所支付的标准服务价格。

媒体对内容进行加工的时候要充分考虑各受众群体的需求，根据他们年龄、性别、教育程度、职业、地区等的不同，为其提供合适的内容。不同的用户需要来自不同地区不同范畴的信息，不同的用户对其相同的信息也有不同报道深度的要求。媒体对内容进行加工时要充分考虑这一点，使信息满足对象化、本土化、个性化、接近性等要求。要做到这一点，需要有大规模的用户信息数据库的支持。许多网络媒体已经提供了定制新闻、个人股票报价等个人化内容。但现有的个人化内容的提供方式基本都是按照用户所属的消费群体和用户自己提供的信息来进行的。若能在对用户浏览网页的习惯分析的基础上，为其提供合适的信息，能大大提高网络媒体个人化内容提供的准确性。

内容接收终端的不同对内容的要求也不同。报纸、杂志等媒体上的内容要有一定的深度，而手机、广播等媒体上的内容则要求言简意赅，易于理解；纸质媒体只能传播文字、图片等信息，较为单一。而电视、网络等媒体上的内容可以集图片、音频、视频为一体，较为灵活；手机由于屏幕和内存等的限制，不方便收看太长的视频内容，视频内容若要在上面传播需要进行简单的编辑；同时，用手机浏览网页的方式也与在电脑网页上有所不同，网络媒体若要提供为手机浏览服务，需要考虑这些的差异，对内容进行再加工。随着媒体间的融合和大型媒介集团的建立，同样的内容同时在网络、电视、报纸上传播的情况越来越普遍，内容生产者在进行内容加工时要充分考虑终端的差异。

五、内容发布

1. 内容发布的模式

内容发布即是指通过一定的终端将加工好的内容提供给用户。学者赵子忠在其《内容产业论——数字新媒体的核心》一书中提出了5种大型公司和消费者之间的沟通模式，分别是内容生产商提供了包括表达在内的主要方式，消费者只行使表达功能的印刷模式；服务器设计好一系列的逻辑关系，用户自行设计表达方式表述内容的网络游戏模式；内容生产商负责部分逻辑结构，用户参与内容产品的逻辑应用的网站模式；内容生产商提供数据，消费者同装载在客户端上的逻辑和表达进行各种应用的视频点播模式；单个个体作为内容生产商，通过联网实现相互沟通的电信模式。

以上五种模式基本反映了所有的内容发布方式：印刷模式代表了传统媒体时代静态的发布方式；网站模式代表了搜索引擎类网站的内容发布模式，它将所有的内容以一定的逻辑结构排列，用户通过关键词搜索等方法自行获取自己所需的信息；而视频点播模式是非搜索引擎类网站的内容发布模式，他们将内容的标题进行分类后排列在首页上，用户根据自身兴趣通过超链接“点播”自己所需的内容这在本质上是一种索引模式；而电信模式代表了用户个人制作内容的发布模式。不是所有的网站采取的都是网站模式，为了防止混淆，我们将网站模式重新命名为“搜索引擎模式”。对照现有的内容发布方式，我们发现一种新型的内容发布方式——个性化定制服务，并未包括在其中。所谓个性化定制是指按照用户的实际需要和具体要求，向其“推送”内容的模式。虽然同为推送，它与传统的印刷模式不同。印刷模式是面向大众的，而个性化定制则是针对具体用户的“一对一”服务，是在技术发展的基础上产生的新型服务。如RSS。

媒体内容发布方式在操作运行中并不是单一的，有些媒体会混合使用不同的内容发布模式。新浪、搜狐等门户网站除了视频点播模式外，还提供了内容搜索引擎和信息定制服务，混合了搜索引擎模式和个性化定制模式。另外，搜索引擎网站也不只是使用搜索引擎模式那么简单，Google的视频、音乐和资讯等频道将来自其他网站的内容放在首页中，混合了视频点播模式和搜索引擎模式。混合使用多种发布模式提高了用户使用的便捷度，增加了媒体对用户的吸引力。

约瑟夫·佩恩在其1993年出版的《大规模定制》一书中，将大规模定制的方式分为Customable和Customizing两种。从字面可以很容易地看出，前者是指用户有众多的选择，他们可以从这些众多但也有限的范畴里，选择自己所需要的内容。后者是说产品可以自己去满足消费者的需求。最典型的例子就是谷歌等搜索引擎，网站提供各种检索方法和连接方式，用户通过关键词搜索等方式得到自己所需要的信息。对照来看，印刷模式、视频点播模式属于Customable，而搜索引擎模式、个性化定制模式属于Customizing，电信模式不属于这两种中的任何一种，是一种全新的内容发布方式。严格来说，搜索引擎模式并不是内容发布的直接模式，搜索引擎多是基于其他网站的内容的。

2. 内容发布的管理

同样的内容可以选择不同的发布模式，在不同的终端上传播。内容发布的管理包括对内容发布终端、发布时间和发布空间的管理。

内容的价值在不同的时间具有很大差异，内容发布的时间管理因为内容的性质有所区分。对于新闻类内容来说，时效性是决定其价值的重要因素。对这类内容的发布不管在哪种终端上都需要遵守时效性第一的原则，在第一时间发布。但是，也要根据内容发布的模式有所区分。收费的个性化定制信息需要适量提前，以满足付费用户的需要，尤其是对于股票等时效性特别强的信息。非新闻类内容的价值也是会随时间的流逝而递减的，虽然没有新闻类信息那么明显。对非新闻类内容发布的时间进行管理以获得最大收益的最典型的例子是电影的发行。通常电影制作完之后的1~3个月，只在电影院线播出，3个月后在“收费电视台”播出，然后再制作成音像制品或在公共电视台播出。在我国，随着数字电视的普及，收看很多电视节目都要收费开始。为了保持收费电视对用户的吸引力，需要对节目发布的时间进行管理，部分节目需要在免费电视播出之前播出，播出之后还可以为用户提供点播、重播等服务，这在理论上被称为媒体节目营销（发行）的窗口化策略。

内容发布终端的管理是和内容发布的时间管理相联系的。报纸等印刷媒体是每天定时印刷，时效性远远落后于网络、手机等新媒体，时效性很强的信息最好选择网络媒体等媒体发布。终端的选择还和内容的受众相关。教育程度低的人看报纸杂志少，看电视听广播较多，针对他们的信息最好通过电视、广播媒体发布；年轻人看电视较少，上网浏览的时间较多，针对他们的内容较适合通过网络媒体发布。内容的性质也会影响终端的选择，需要用户广泛参与讨论的问题若通过网络媒体等互动性强的媒体发布会取得较好的效果。

内容发布的空间管理在印刷媒体中体现为内容的版面管理，即安排内容在报纸各版面的位置；在网络媒体上则体现为频道的设置，首页内容的选取，内容的排列等。网站的首页是用户接触网页的第一个接触点，对内容进行科学合理的安排是很有必要的。新媒体内容发布的空间管理与传统媒体类似，但是要更多地注意用户的需要，要重视给用户第一眼的冲击力和吸引力。

第三节　新媒体内容管理策略

一、什么是新媒体内容管理

1. 企业内容数字化管理

内容管理并非媒体行业的专利，它和网络的应用一起发展。企业信息化程度的加强，导致越来越多的信息以数字化形态呈现在信息处理、交互、传播的过程中。由此，很多企业开始重新审视自己所掌握的信息资源，并视它们为资产。但是，分散、无条理的数据和信息并不能直接带来价值，必须将其整理，并整合为有市场需求的内容，才能通过交换创造价值。因此，企业开始逐渐意识到内容管理的价值。

内容管理在金融业、零售业等拥有海量信息，且需要对其进行一定深度分析的行业有着比较广泛的应用。数字化内容的管理必然需要相应硬件和软件的支持，国内外很多软、硬件供应商对内容管理软件市场也很看好。IBM、EMC（美国易安信公司）、雅虎、微软、OraCle（甲骨文）等大型公司也通过联合、并购等方式涉足内容管理市场。国内也有很多涉足内容管理软件市场的公司，其中信雅达是最早的，其他的还有拓尔思（TRS）、新锐国际（GEONG）等。近几年，内容管理软件市场发展迅速。IDC2008 年 10 月 15 日公布《亚太（日本除外）地区内容管理软件市场 2008—2012 年预测及 2007 年市场总量》分析报告显示，在未来几年里，亚太地区内容管理市场有望实现持续稳定增长，从 2007 年的 1.8 亿美元增长到 2012 年的 3.6 亿美元，年复合增长率达 14.77%。澳大利亚和韩国作为成熟的 IT 市场，将继续成为该地区内容管理市场的重头。中国和印度紧随其后，在未来几年里有着良好的发展前景。中国的内容管理市场将以 17.99% 的年复合增长率持续增长，其速度超出亚太地区平均水平。

那么，究竟什么是内容数字化管理呢？不同的人对其有不同的理解。

美林证券公司的分析师认为，内容管理偏重于使企业员工、企业用户、合作伙伴和供应商方便获得非结构化信息的处理过程。其目的是把非结构化的信息出版到 Intranet、Extranet 和 ITE（Internet Trading Exchanges），从而使用户可以搜索、使用、分析和共享。

IBM 则认为，内容管理是覆盖面非常广泛、全面满足企业所有非结构化数据需求的体系架构和解决方案。内容管理本身就是由“内容”和“管理”两部分构成，内容是具有价值的能够容易（数字化）、安全（权限控制）、快速（元数据管理）地进行共享和利用的信息资产。真正的内容不是单一的、无任何关联的一些文件，而是经过整理、加工甚至重构的具有利用价值的数字对象；管理是至关重要、不可或缺的，主要的目的是将信息的价值提升到更高的层次，而不仅仅是存储这么简单。对于“内容”来说，怎样进行再加工、再利用将是提高内容价值的关键环节，大量的企业将企业已有的各种数据信息和正在发生的信息全部数字化，形成内容资产，并进行深度挖掘，支持经营。

ATM认为，内容管理的目的就是实现各种数字信息内容的创建、存储、分享、应用、更新，并在企业、个人、组织、业务、战略等方面产生价值，从而创造无限的数字价值。北京拓尔思（TRS）信息技术有限公司董事长施水才教授则将内容管理看作是以非结构化数据为管理对象的技术体系。

以上都是一些内容管理软件开发商对内容管理的定义。从上面的定义来看，内容管理的目的是提高信息价值。无论是为了方便用户的搜索、使用、分析、共享，还是企业内部和对外部的沟通，目的都是使信息的价值得到最大限度发挥。使用内容管理软件既可以使企业内部人员更便捷地获取、整理、利用信息，提高个体的工作效率，同时也提高员工之间的合作效率。同时，将有关外部世界，如竞争对手或供应商等的信息有条理地进行内容管理，也使得企业可以更好地与相关利益者进行沟通。另外，企业生产的符合用户需求的内容产品，也可以创造直接的经济效益。内容管理的对象主要是有价值的非结构化数据。综合来看，内容数字化管理就是通过对有价值的非结构化的数据进行数字化整理、存储、加工等操作而使内容价值最大化的过程。

2. 媒体内容新媒体化管理

上面对内容管理的定义多是从技术角度进行审视，内容管理的主体大多也都是企业。随着文化产业体制改革的深入，媒体企业新媒体化必将获得更快发展。信息是媒体行业最核心的资源，内容管理的理念在媒体行业同样也适用。随着数字技术的发展，媒体行业所有的内容资源：文字、图片、声音、图像都可以被数字化，然后以非结构化数据的形式被存储、搜索、加工和再加工等，所有的内容都将成为新媒体产品形态和数字化素材，最大化它们的价值。但是，在媒体行业，内容的定义与企业中内容的定义有一定的差别。大部分企业的直接产品并非其内容管理的对象，而媒体的产品即为内容产品，是内容管理的最终成果也是最初原料。在企业中，管理的信息主要是企业用户、企业员工、企业合作伙伴等的信息，而在媒体中内容管理的对象主要则以媒体通过各种渠道采集的文字、声音、图片等信息，都是内容产品。

结合内容管理的定义和前文对媒体内容的重新定义，媒体内容管理即是将媒体所采集和拥有的文字、图片、音频等信息数字化之后，以非结构化数据的形式进行整理、存储、加工操作以使其价值最大化的过程。媒体内容管理和企业内容管理最大的差别在于其管理对象的不同，这是由其最终产品的性质差异所决定。为了满足媒体内容管理的需要，很多媒体企业开始涉足媒体内容管理软件，针对媒体行业对内容管理的实际需要，开发了专门的媒体内容系统，为许多媒体提供了专门的内容管理解决方案。

基于内容管理的理念和企业资产管理的思想，在媒体行业还产生了媒体资产管理的概念。企业资产管理的对象是企业的厂房、设备、知识产权等有形和无形资产。其目的是通过向管理者提供关于资产的使用、保值、增值等信息，而使资产得到最优利用，达到企业利益最大化的目的。在新媒体时代，越来越多的媒体将其所拥有的内容、渠道等当作自身的资产。为了使它们的价值最大化，借鉴企业资产管理的思想，同时结合内容管理的思想，产生了媒体资源管理的概念。

与媒体内容管理相比，媒体资产管理的对象更广，除了媒体内容信息，它还对媒体所拥有的设备、固定资产等进行管理。媒体资产管理更注重经营，它在内容管理的基础上，更注重媒体的业务开展和流程管理。随着我国媒体产业化的发展，以及众多大型传媒集团的建立，越来越多的媒体开始重视对媒体资源的全面管理和调度，媒体资产管理也越来越受重视。

二、为什么要进行内容管理

尽管对诸如万维网、个人数字应用和虚拟现实等激动人心的新技术宣传甚嚣尘上，但是，如果没有高质量的内容，它们将什么都不是。对用户而言，即使有500个频道的收视环境，也不能保证一定有值得观看、收听和下载的内容。滚石的老板布鲁斯·斯普林格斯汀曾总结到："有57个频道，却无节目可看！"道琼斯公司主席兼《华尔街日报》发行人彼得·卡恩也曾宣称："发行的形式不是最重要的，内容才是！内容第一！"虽然我们崇尚的是系统观念，发行、内容、技术展示等同样重要，缺一不可，但在其他要素充分发展之时，内容对新媒体的发展的作用具有决定性作用，因此，必须对其进行系统科学的管理。

1. 内容的海量性和终端的丰富性

一方面，媒体自诞生以来，就一直不停地进行内容生产。多年的积累，内容已经不计其数，数字技术的发展，使得内容的存储和利用变得更容易。同时，无处不在的网络、标准化低成本内容生产和出版工具的普及，已经把公司和人们都变成了出版商，减轻了数字化内容发行的"门槛"，极大扩展了内容的出版量和种类，微博等个人数字化内容生产每天都在进行信息爆炸。在数字技术的推动下而诞生的DV（Digital Video）、DC（Digital Camera）、手机等设备，使得内容的生产变得非常简便，人人都可以成为内容制作者。传输技术的发展使得他们可以很容易地将这些内容上传，传统媒体不再是内容生产的垄断者。这些由用户自己制作的内容产生的影响力甚至会超过传统媒体。面对数目如此巨大的内容，传统媒体当然不能完全漠视。技术的发展使得媒体与受众之间的互动变得容易，和受众的互动信息也成为媒体内容的一部分。如何对这样庞杂的媒体内容进行管理成了媒体不得不面对的难题。媒体需要通过有序的内容管理，使得内容变得容易搜索、提取。不经管理的杂乱无章的内容，很难得到有效的利用，无序地堆积在角落里，和垃圾无异。有效的内容管理，可以使媒体变废为宝。

另一方面，传输渠道和终端的日益增多使得对内容需求迅速增加。在传统媒体时代，频谱资源是稀缺的，电视台和广播台等的数目都是有限的，对内容的需求自然也有限。但在新媒体时代，现有的有线网络就可以传输400~500个电视频道。假设每个频道每天需要10个小时的节目，那么一天就需要4000~5000小时的内容。技术的发展，导致了越来越多的终端出现，手机、平板电脑和其他无线上网设备的出现，使得用户对内容的需求越来越大，对内容质量的要求也越来越高。面对这样庞大的内容需求，媒体需要对其所拥有的内容进行管理，生产出符合用户需要的内容产品。

2. 渠道多元性和移动的随意性

随着大型传媒集团的建立，每个传媒集团所拥有的渠道资源增多。一个传媒集团可能拥有不止一个电视台、报纸、广播，有些还拥有自己的网络。在中国这样跨媒体的传媒巨头也正在形成，以SMG（上海文化广播影视传媒集团）为例。其旗下拥有东方卫视、新闻综合、第一财经、星尚、影视剧、五星体育、纪实、新娱乐、外语、艺术人文、炫动卡通、戏剧等12个电视频道，上海人民广播电台、东广新闻台、上海交通台、东方广播电台、故事频率、戏剧曲艺频率、动感101、LOVE103、经典947、财经频率等10个广播电台，《第一财经日报》《每周广播电视报》等两份报纸，《上海电视》《电影故事》《上海画报》《电影新作》《卡通王》等5种杂志，此外还有东方网、东方宽频等网络媒体，东方明珠移动电视，同时还经营互动电视、手机电视等业务。SMG同时涉足传统媒体和新媒体。

分析一下其所拥有的各类媒体我们可以看出，12个电视频道中有些基本信息是可以共享的，比如东方卫视和新闻综合频道就可以共享一些要闻信息。同时，这两个综合性的频道也可以从其他专业化的频道中采集信息，重新进行简单的编排之后就可以在自己的频道播放。对于可以共享的新闻事件，如果每个频道都派出记者采访、进行编排，将造成极大的资源浪费。内容管理可以帮助减少这样的资源浪费。

不仅电视频道之间信息共享，电视、广播、报刊、杂志之间同样也存在信息共享。最明显的是，电视、广播、报刊中都有专门的财经专题。但是，不同的媒体对内容的要求是不同的。报纸和杂志等更需要深度报道，而电视、广播等媒体则偏爱浅显易懂的内容，手机电视和传统的电视所使用的视频的格式也会有所差别。通过内容管理，不同形式的媒体可以针对同样的基本信息选取适合自己媒体特点的信息进行重新组织加工，制作成可以使用的内容产品，大大节约了采访的时间和成本。

随着5G网络的铺开和运营，网络日趋无线化，“我连故我在”。同时移动增值服务也有了惊人增长，手持移动电话，随地随时都在进行内容生产，移动微博，彩信，短信，微信等新型移动程序无时不在大量产生内容，不进行管理，人类的创新将无法发挥更大作用。

3. 受众时间和注意力资源的稀缺

受众用来消费媒体信息的时间基本保持不变，随着工作节奏的加快，人们的空闲时间甚至是越来越少。而技术的出现，使得媒体的渠道和终端都日渐增多。网络技术的发展，媒体的数目几乎可以无限。建立一个网页的技术门槛和资金成本都很低，甚至一个人都可以建立起一个颇具吸引力的个人网站。豆瓣网的创始人最初就是一个人在星巴克里完成网站的代码编写。现在，越来越多的人把时间花在自己“生产内容”上，很多人把时间花在经营自己的博客、看网上论坛等。个体内容生产使得媒体内容的量越来越多，而他们花在内容消费上的时间却越来越少。专业媒体除了面对其他专业媒体的竞争外，还要注意来自“自媒体”的巨大压力。

受众注意力是比时间更稀少的资源，我们已经窥见了注意力匮乏的端倪。报纸、杂志、电视等不断用耸人听闻的新闻吸引受众眼球，网络媒体上这样的现象更是屡见不鲜。现在的媒体经济被称为“注意力经济”，因为注意力是受众采取行动的基础。年轻一代的媒体活动不仅是看报纸、杂志、电视这么简单，他们还会玩游戏、收发电子邮件参与社交网络，不断地关注和被关注等，他们的注意力被越来越多的网事所分散。要吸引他们的注意力，获得经济效益，必须对内容进行有效管理，生产出能抓住他们眼球的内容产品。

注意力和时间都是零和资源。关注了一个媒体，留给另一个媒体的时间就少了，注意了一条信息，另外的信息就失去了你的注意。而且，对于大多数人来说，注意力是容易分散的。媒体面对的竞争日益激烈，要在这场没有硝烟的战争中生存，媒体需要对其所拥有的资源进行有效的管理，降低内容生产成本的同时需要提高内容产品对受众的吸引力。

4. 受众需求的多样性和异质性

不同身份的受众对内容需求是不同。政府部门、社会团体、行业组织、企业和个人对内容的需求也不相同，不同教育背景的个体对内容的需求也存在差异。不同用户所需求的内容种类、区域、领域等不同，对内容深度的要求也不同，有些只需要粗略了解，有些则需要详尽深度报道。另外，不同用户的信息使用习惯等也会影响其内容消费。总而言之，没有任何两个受众对信息的需求是完全一样的。

在传统媒体时代，报纸的数量有限，电视和广播的频谱资源稀缺，内容生产和发布都是大众化的。而技术的发展使得满足受众的不同需求成为可能。通过电子邮箱、手机、RSS 聚合等，媒体可以为特定用户提供特定的内容。有些网站，可以通过用户访问时留下的信息，向用户推荐他们可能会感兴趣的信息。例如豆瓣网，它可以通过分析用户留下的有关已经看过的和想看的书、电影、音乐的信息，向用户推荐他们可能感兴趣的书、电影、音乐，以及与这些书、电影、音乐有共同主题或相同类型的内容。为了最大限度地吸引受众，媒体需要分析其目标受众的具体需求，将其采集到信息加工中心形成新的产品。例如，围绕着同一个新闻事件，可以根据不同受众的特征和信息消费习惯等，选择文字、图片、音频、视频等表现形式或任意将其进行组合，从不同的角度进行不同深度的报道，生产出不同的内容产品，供受众挑选。传统媒体时代，这样进行内容生产不仅成本很高而且技术条件不许可，而新媒体内容管理使这一切可以很便捷地以较低的成本实现。

5. 内容的生命周期延长

在传统媒体时代，内容存储代价大，且存储质量不高，尤其是视频资料，存储时需要很多的磁带资源，画面质量随着时间的流逝也会出现色彩失真等情况。即使内容存储起来，由于没有有效的搜索方案，内容的再利用也很困难。总体来看，内容的利用率不高。新媒体时代，数字技术的发展使得内容的存储便捷，且失真率低，一个普通的 80G 硬盘，可以存储 80 多部影片。数据库存储技术和搜索技术的发展，使得内容的搜索变得简单；而内容制作的数字化使得内容重新制作变得“价廉物美”，内容生产出来之后除了提供给受众之外，还可以被重新利用，制作成其他的内容产品。仅从技术上来看，新媒体时代内容可以随时便捷地被再利用，生命周期几乎被无限延长。

从市场对内容的需求来看，网络技术的普及，电脑、手机、数字电视等终端的广泛使用，视频、音频等内容可以被无限下载，无数次地被点播、观看；搜索引擎等技术的发展，使得图片、文字等内容更频繁地被利用。用户随时随地获取任何内容的需求，更好地被满足。用户对内容随时随地的需求是内容生命周期延长的前提，而技术手段的发展，使内容生命周期的无限延长成为现实。

内容生命周期的延长，使得很多内容的价值不再仅仅局限在特定的时间内。道琼斯公司有一个著名的“波纹”信息资源管理理念：一个新闻事件发生，就像一块石头投到水里，会产生很多波纹，一个波纹一个波纹地扩散开，影响面会迅速放大。道琼斯可以把这个新闻通过道琼斯通讯社、华尔街日报网络版、CNBC 电视频道、道琼斯广播、《华尔街日报》等 7 种不同的媒体出售 7 次。很多经典的电影、电视剧，直到今天还在通过网络等途径被人们频繁地下载和在线点播。对于这样的内容产品，媒体需要对其进行有效有序的管理，包括对内容质量、版权等的管理，以使其发挥最大的效用，扩大内容影响力的同时，也给媒体带来一定的经济效益。

6. 网络经济的“长尾效应”

在传统经济学中，最普遍的是帕累托法则，亦即“二八法则”：它最初来自于意大利经济学家帕累托对 19 世纪英国社会各阶层的财富和收益统计分析，这个统计发现，80% 的社会财富集中在 20% 的人手里，而 80% 的人只拥有财富的 20%。它反映了社会的不平衡性，但它在社会经济生活中无处不在。反映在内容生产领域，根据二八法则，20% 的产品带来 80% 的销量（通常还有 100% 的利润）。

然而，互联网技术的发展和普及，使得很多规律发生改变。2004 年 10 月，美国《连线》杂志主编克里斯·安德森发表了“长尾”一文，最早提出了“长尾理论”。“长尾效应”里的“尾”的说法来自统计学。在统计学里，正态曲线中间的突起部分“头”；两边相对平缓的部分叫“尾”。“长尾理论”是克里斯基于其对娱乐市场的观察提出。通过对比传统娱乐业和网络娱乐业，克里斯发现，传统娱乐业由于成本和规模的限制，只能覆盖那些 20% 的主流（Hits）而忽略了后面的尾巴。但是，网络技术的发展，可以打破这样的限制，它使得媒体可以以较少的代价满足更多消费者的需求。事实上，每个人的品位都会与主流有所偏离。我们之所以关注主流，一方面是由于传统媒体不可能提供所有的选择，另一方面是人们并不那么清楚自己的需要。我们发现得越多，就越能体会到我们需要更多的选择。而现实世界是个短缺的世界，如果互联网能捕捉到这些被遗忘的角落，就会有比主流市场更大的市场，这就是“长尾效应”。长尾理论对帕累托法则的挑战在于，80% 的非主流元素所形成的“长尾”所占的份额远远不止 20%，可能达到甚至超过 50%–98%。

长尾效应的根本就是要强调“个性化”，“客户力量”和“小利润大市场”。当市场被细分到很细很小的时候，这些细小市场的累积可能会形成长尾效应。曾在音乐行业担任过顾问的风险投资家凯文·劳斯（Kevin Laws）也曾总结道:“最大的财富孕育自最小的销售”。网络经济时代，为少数人提供他们需要的内容的代价并不是那么大，因为存量数字化媒体产品存储和连接成本非常少，甚至趋于零。如克里斯所说，每个人的品位都会与主流有所偏离，媒体如果能以最小的代价甚至是零成本抓住每个受众不那么主流的需求，就能形成“长尾”，获得经济效益。著名的亚马逊公司是利用“长尾效应”的典型例子，它有超过一半的销售率都来自于它排行榜上 13 万名开外的图书。曾被誉为“国内最好的 Web2.0 网站”的豆瓣网也很好地利用了这一效应。

网络经济时代的“长尾效应”对媒体内容生产的挑战在于，媒体通过提供 20% 的内容，抓住 20% 的主流受众，已经不一定能取得 80% 的效益了。在媒体竞争日益激烈的情况下，媒体需要对受众市场进行细分，争取 80% 的非主流受众，避开 20% 市场激烈竞争的同时，开辟新的“长尾”市场。要满足受众偏离主流的需求，媒体需要从内容采集到内容产品的最后形成进行管理。内容本身主流和非主流区分日渐模糊，有些非主流的内容反而是能带来较大经济效益的，媒体不能随意删减那些传统意义上非主流的内容。这样，媒体的内容资源必然会变得日渐庞杂，对其进行管理就十分必要。可以说，长尾效应的收益是来自于内容管理。

三、媒体内容管理系统

媒体内容管理系统是建立在数据库系统之上，用来对内容生产的流程实施全面管理的软件系统。

1. 媒体内容管理系统的要求

（1）系统的标准化。为了方便不同媒体组织之间的内容交换，媒体内容系统需要建立统一的内容存储标准，包括内容的分类、元数据的采集、附件数据的提取等标准。在标准的基础上，不同媒体组织可以通过统一的平台进行内容交换，使各媒体的内容都能得到充分运用。这样，媒体内容管理系统方便媒体内部内容的流通，也支持了媒体间的内容互换，防止媒体集团成为信息孤岛。

（2）良好的扩展性。随着时间的推移，用户的要求会变化。技术的发展也会催生新的内容形态，改进内容采集、生产和加工手段。在系统建设的初期要充分考虑到这一点，使其具有足够的扩展性。这样一旦技术发展或用户需求变化时就不需要推翻原有的系统，只需要对原有的系统进行适当改造、升级，实现系统的可持续发展，减少系统建设的成本。

（3）良好的可伸缩性。每天各种媒介都会产生大量的内容，良好的媒体内容管理系统需要具有海量的存储空间。但是，在系统建设初期就预存足够的空间是不现实的。这就需要系统在设计初期具有良好的可伸缩性，支持各种存储方式，存储的规模也可扩散。

（4）系统的安全性。内容是媒体赖以生存的基础，安全性是系统建设时必须考虑的问题。安全性包括防止黑客入侵，系统备份以防止系统可能出现的漏洞，系统访问的权限管理等。安全性实际上涉及系统的稳定性和内容的知识产权保护两个方面。良好的媒体内容管理系统既要保证系统的稳定运行，也要保护内容的知识产权以实现其价值的最大化。

2. 内容管理系统的核心技术——数据库技术

数据库技术是为了方便人们使用信息，通过各种逻辑关系而建立的数据系统。通过数据库技术，人们可以方便地对数据进行存储、编辑、检索、制作等操作，应用灵活，大大提高了人们利用信息的效率。

数据库系统是媒体核心的生产资源，这一系统由面向内部生产的“内容数据库”和面向消费的“消费者信息数据库”构成。媒体所有的内容以数字形式存储在内容数据库中，生产者和消费者可以很方便地通过数据库检索技术，检索并提取自己所需的内容，将其用于内容再生产，提高内容利用率。消费者数据库存储着从各种途径采集来的消费者的信息数据。它一方面将消费者的需求信息反映给生产环节，帮助内容产品的生产。另一方面，通过直接出售消费者需求信息，也可以为媒体赢得一定的经济利益。媒体围绕内容数据库进行内容生产，内容的销售则围绕着消费者数据库进行。同时，这两个数据库之间的互动沟通对生产和销售活动都有促进作用。消费者在“内容数据库”中搜索信息丰富了“消费者信息数据库”，而“消费者数据库”指导并引导内容的生产，提高了内容“命中”消费者需求的概率，提高了内容生产的效率。

消费者信息的采集通常可以使用以下三种方法：通过注册、开账单等方式；以有价值的服务作为交换，如用户填写相关信息后可以获得优惠券等激励，将大大提高获取消费者信息的概率；用技术手段搜集用户搜索、点击、收看等的信息，进而分析他们的兴趣、爱好等信息，将提高内容满足消费的精确性。

3. 内容管理解决方案

根据以上对内容生产流程和内容管理的分析，整个内容管理系统由两部分构成，一是以内容数据库为中心的内容生产系统；二是以外部消费者数据库为中心的内容对外发布和服务系统。这两个系统的协调工作形成了一个功能齐全、互动性强、系统性能好的“采编发一体化”的系统。对于这个系统的阐述，中国新闻技术联合会名誉主席孙宝传先生有详细的说明：

（1）新闻信息采集系统（内容采集系统）。从来源来看，包括互联网、本社记者、其他媒体、撰稿人、签约摄影师和其他一些来源。信息雷达系统通过对互联网上信息进行实时监控，自动抓取有价值的信息；本报记者通过在原有内容采集系统上改进的系统进行；来自其他媒体、撰稿人和签约摄影师的稿件可以通过互联网便捷地接受；新媒体内容一个越来越重要的来源是用户自己生产的内容，系统也需为这部分内容提供采集系统。

（2）内容整合入库系统。来自采集系统的内容需要先进行数字化，然后通过内容整合系统内的分类系统进行归档，入库存储。通过格式转换系统，可以将不同格式的内容自动转换成系统所需要的格式。同时，系统还提供自动去重功能，可以去除重复的内容。另外，系统中的辅助索引可以自动提取内容的元数据，配合使用系统的自动分类软件，可以自动对内容进行分类，将其存入相应的子数据库。

（3）内容检索和加工系统。通过内容加工系统，可以对内容进行跨平台的互动编辑。经过相应的身份认证的用户可以根据报道策划的要求，跨平台检索其所需的内容，然后对内容进行多媒体编辑和整合，实现文字、图片、图表、音频、视频等的互动编辑。

（4）内容发布系统。内容加工完毕后，可以参考消费者信息数据库的信息将其加工成相应的内容产品，通过不同的渠道发布出去。内容的发布既可以通过报纸、杂志、广播、电视等进行大规模的发布；也可以通过网络、手机、PDA、网站进行个人化定制；还可以开放内容数据库，为消费者提供收费的内容检索服务。同时，内容发布系统还提供版权保护、自动计费和消费者信息采集等功能。消费者信息的采集一方面有助于消费者信息数据库的建设，另一方面也为内容评估提供依据。

通过以上四个分系统构成的内容管理系统，各种媒体形式的内容都可以在媒体内部所有部门和内容生产的整个流程中进行共享，提高了内容资源的利用率，也为编辑记者生产多媒体的、丰富多彩、生动活泼的产品提供了便利，优化了内容产品的质量。内容数据库和消费者信息数据库的互动，增强了内容生产的市场导向，同时也为内容评估和采编人员的绩效考核提供了依据。

随着第二代信息技术的发展，云媒体将得到应用。因此，内容管理将在云媒体框架下发生重大变化。

四、内容管理系统对媒体组织形态的影响

内容管理系统的建立对内容生产流程产生了巨大影响，相应地，也会影响到媒介集团组织结构的变革。

1. 改造媒介集团的人员组织

随着新型内容管理系统的应用，内容生产流程被改造，集团的人员组织也要发生相应的调整。人员的组织必须打破原来的记者写稿、编辑改稿的模式，建立以内容数据库和消费者数据库为核心的结构。美国甘奈特集团就根据新媒体生产流程的改变，结合自身的定位对集团的人员进行了重新组织。2006年，甘奈特集团撤销旗下所有报纸的文献编辑室，成立信息中心，让原先的报纸读者能在“任何时候、任何地方、通过任何他们喜欢的平台，接收新闻信息”。针对其定位的变化，甘奈特信息中心取消原有的城市、经济、体育等新闻采编部门，将其分为7个功能部：以数据库为基础快速搜集新闻和信息的“数字部”，以媒介监督为主的“公共服务部”，将原评论专栏延伸改为帮助实现“传—受”交流的“社区对话部”，本地新闻部为小众市场定制专门信息的“内容定制部”，发布生活类“有用信息”的“数据信息部”，以及“多媒体内容制作部”。组织的改组不是以产品为中心，而是以客户为中心。

2. 记者职能的全方位化

在新型内容管理系统中，记者不再严格地根据文字、图片、音频、视频的内容类型进行划分。多媒体内容是记者采访的目标，作为内容采集者的记者必须具有全方位的能力，能采集多种形态的内容。媒体内部政治新闻、社会新闻、经济新闻的划分也趋于模糊，重大事件发生时，将围绕事

件临时组成项目组，进行相关的内容生产。记者的功能不再是采写一条新闻报道，而是采集用于多种用途的信息、稿件、背景资料等，让更多的编辑部和媒介调用，而不是局限于某条线、某个部门，这就需要记者具有全方位的才能。

3. 数据库成为生产流程的基础

记者采集的内容首先要进入内容数据库，其他人员在数据库的基础上进行简单加工、搜索、内容整合等操作，根据消费者信息数据库中消费者的需求生产相应的内容产品。内容数据库更大程度上实现了资源的共享与优化配置，消费者信息数据库减少了内容生产出来之后不符合消费者需要的情况的发生，提高了内容生产的效率。

4. 资源整合成为内容生产核心

过去的新闻采编工作一直围绕着记者展开，记者完成怎样的稿件一直是内容生产工作的核心。随着新媒体内容管理系统的建立，系统中内容资源的整合成为中心。记者是内容采集的主体，要形成综合的、全方位的适合各种发布形态和终端需求的媒体产品，最主要的还是要靠内容资源的检索、调动和组织。

第四节　新媒体内容管理的未来

一、内容生产的大规模定制

约瑟夫·派恩在他的《大规模定制——企业竞争新前沿》一书中对大规模定制进行了阐述：大规模定制是两个长期竞争的管理模式的综合——个性化定制产品和服务的大规模生产。它以大规模生产的价格实现产品的多样化甚至个性化的定制。一种生产模式是否可行是由生产者的生产成本和消费者的支付意愿共同决定的。落实到媒体行业，组织的生产成本即为内容的采集、存储、加工等一系列的成本。消费者的支付意愿，除了传统意义上的金钱成本，还包括时间和注意力的投入。如果生产者定制化生产的成本和消费者对定制化内容的支付意愿两者间形成平衡，就可以采取大规模定制的生产方式。

传统媒体时代，媒体内容采用的是“服务的大规模生产”方式。传统经济时代，定制生产的成本是很昂贵的，企业订单最少必须达到盈亏平衡点才能保证不亏损。传统媒体有限的传播渠道和昂贵的内容生产成本，决定了它只能采取规模经济的方式。新媒体时代数字技术、数据库技术、网络技术及终端制造技术的发展，降低了内容生产的成本，增加了传播的渠道，丰富了接收终端。在以数据库为中心的内容管理平台上，内容间转换的成本大大降低，内容资源可以通过多次编辑和整合得到充分利用，内容生产的成本大大降低，生产出来的内容产品也可以通过多种渠道在多种终端上传播。这些都使内容的大规模定制成为可能。

在信息渠道日益增多，信息量迅速增长的背景下，消费者信息选择的空间越来越大。新的终端技术的发展，降低了他们的选择成本，在网络上他们只需要用简单地点击鼠标操作就可以对信息进行选择。消费者从被动接受者变为主动选择者，信息接收的方式也从单向接受变为双向互动。媒体要想赢得更多消费者的青睐，必须根据不同消费者的需求生产有差别的内容产品。

二、用户制作内容日渐增多，双向传播日益普及

数字技术的发展，使得终端具有交互性和网络性，这样用户不仅可以通过终端获取内容，还可以通过终端生产内容、传播内容。传播不再单向地从媒体到受众，内容也可以逆向地由用户流向媒体，流向广大的受众，

即终端的逆向生产功能，在媒体领域由用户产生媒体产品。

网络提供了一个世界性的平台，使任何一个人都有可能成为出版发行者，这对于网络而言，是一个革命性的进步。这个平台的创建让更多人能制作自己的内容，就创作内容开展合作；他们可以上传文件，以个人方式或作为自发社区的一部分将这些内容传向全球，不用通过任何传统机构和组织。Web1.0为非专业机构和个人进入媒体内容的生产领域提供了机会，Web2.0则进一步为他们的参与提供了更适合的平台。Web1.0时代，用户的内容生产是无意的，而Web2.0时代的用户利用博客、播客、维基等手段，有意识地进行内容的生产和传播。媒体内容传播的模式正渐渐转向专业媒介组织和用户共同参与的互动式网状传播。

首先，与专业媒介机构制作的内容相比，用户制作的内容更具有接近性，主要包括线索的接近性和报道视角的接近性。制作内容的用户和观看他们内容的用户处于同样的环境中，有着比媒体专业人士与用户之间更类似的体验，他们选取的内容更接近用户的生活、心理等方面的需求。其次，用户制作内容的视角更接近于一般群众，对他们来说，更易于理解和接受。最后，对于很多新闻事件而言，用户比专业人员更易获取隐秘的、深层的信息，便于发掘事件的真相。

三、媒体应对用户制作内容的策略

在技术进步和社会发展的共同影响下，用户自己制作内容的现象越来越普遍。有学者提出，我们正在开启一个新闻业的黄金年代，但是这个新闻业不是我们通常熟知的新闻业。管理咨询技术公司新的调查表明，用户制作内容是他们面临的最大挑战之一。那么，媒体如何应对来自用户生产内容的挑战呢？

首先，媒体要转换自己的角色，从简单的内容制作者，变为内容的采集者、内容产品的制作者、内容服务的提供者。其次,《纽约时报》的媒介顾问和“参谋”迈克尔·罗杰斯认为,媒介公司面临的挑战就是要知道如何“保持多年建立起来的必要的权威地位,但同时又能让我们的观众参与进来”。媒体在吸纳用户制作内容的同时,要保持自己作为专业媒体机构的权威性,这是他们与业余内容制作者相比最大的优势。毕竟用户制作内容的范围相对比较狭窄,很多国际重大事件还是要靠专业媒体的报道。而且,作为非专业内容制作者的用户,缺乏必要的专业知识和素质,制作的内容客观性和权威性不如专业媒体机构。

媒体应对用户制作内容的策略主要有五种:一是聚合用户制作的内容;二是借助用户制作平台推广节目;三是与用户协同参与新闻报道;四是为新闻传播提供新的服务功能;五是使大众媒介成为分众的媒介。

世界每时每刻都在变化,每一刻都有可能产生有价值的内容,但是专业从事媒体工作的人有限,不能注意到所有的内容。通过浏览用户制作的内容,可以找到一些很好的新闻线索。有些可能是个别用户提出的,有些是部分用户内容中发现的共同趋势,这些都有可能是媒体内容很重要的来源。

2005 年,伦敦地铁爆炸案当天,BBC 收到了事件亲历者从现场发来的 300 幅照片,2 万封电子邮件,这被认为是用户参与制作内容的分水岭。在这次事件中,用户在现场展示了现场发生的一切,为 BBC 提供了视频资料。很多新闻事件,用户由于具有接近性的优势,可能会比专业媒体人员更快地得到第一手资料,为专业媒体的内容制作提供了帮助,参与了内容制作过程。

用户内容的制作者们多是匿名的,缺乏专业素质,再加上一些恶意传播的用户影响,用户制作的内容中会出现一些虚假内容。有些内容可能包含色情或侵权信息,媒体需要对这些内容进行管理,在利用其为自己创造价值的同时,将其负面的社会影响降低到最小。

四、新媒体内容管理与知识管理结合

程小萍博士在《媒体知识管理》一书中将媒体知识分为个人知识、结构性知识和受众知识三部分。个人知识包括员工的产业知识、技能、经验等的总和。结构性知识是媒体组织不依附于个人知识资本而存在的知识产权、企业文化、管理过程、信息平台等资源，包括有形的和无形的。媒体的受众知识包括媒体的品牌、消费者信息、与传播各个环节的关系网络资源等。根据美国生产力与质量研究中心（APQC）的定义，知识管理为了提高组织竞争力而对知识的识别、获取，以充分发挥其作用的过程。它将知识视为最核心的资源，把最大限度地掌握和利用知识作为一个组织提高竞争力的关键。

内容管理的根本目的是内容价值的最大化，为达到这一目的就必须在内容产品的制作、风格、质量等方面有好的创意。创意本质上是一种知识资源，媒体所拥有的技术和资源，以及采集的内容，必须和创意这样的知识结合起来才能制造出独特的内容产品，形成核心优势，长久地保持竞争优势。从本质上来看，内容价值最大化的过程，也需要知识管理的参与。

知识资源是媒体的核心竞争力。核心竞争力是普拉哈德和哈默两位专家在 1990 年的《哈佛商业评论》上提出的，具体是指组织中积累的特色学识，尤其是如何协调不同技能和有机融合多种技术的学识。因此可以说，组织核心竞争力是一个组织专有的，通过长期学习与应用技能提炼所积累的学识，这种学习内融于组织习性，是竞争对手很难模仿的可持续竞争优势。核心竞争力的本质是组织特有的知识资源及其整合形态。对于直接经营知识资源的媒体行业尤其如此。一般而言，贯穿于媒体业务各环节的知识是媒体最宝贵的资源，但是这些知识不是一蹴而就，而是在长时间的积累中形成。这样的知识积累一旦形成，很难被其他媒体通过靠简单的模仿超越。

媒体知识管理和内容管理相结合，在优化内容生产的同时，也有助于组织的知识积累。两者的结合，有助于将媒体已有的知识应用到日常的内容生产中，制造出更有创意的内容产品。同时，在具体的内容生产过程中也会产生相关的知识，这些知识可以直接进入知识管理系统，成为媒体宝贵的知识财富的一部分。内容管理和知识管理的相互渗透，还有助于媒体知识的内化和新知识的挖掘。

五、内容管理融入媒体内部各个部门

内容管理不仅是制作部门的工作，还要融入各个部门。内容管理系统和媒体内部财务系统、人力资源、广告管理等系统相结合，一方面便于内容管理系统的具体实施，同时将内容管理的理念深入企业内部，另一方面也为这些部门的工作提供了工作目标。

内容管理系统和广告管理相结合，可以更好地利用广告宣传自身的内容，提高内容利用率的同时，也增加了广告的针对性，提高了广告的效率；内容管理系统和人力资源管理系统相结合，可以更好地对媒体工作人员的业绩进行管理，改进薪酬分配制度，提高员工工作的积极性；内容管理系统和财务管理系统相结合，有助于对内部的资源进行更好地分配。

内容管理不仅是媒体公司的生产经营系统，也是组织学习系统，媒体组织的核心资产是知识型员工，内容管理一方面要增加全体员工学习的内容，也要开发全体员工的创新工作能力，还要把全体员工的知识内容纳入到管理中，如有的媒体全体员工开微博，为媒体内容产品提供线索和评论等。

第六章　大数据与新媒体的内容运营

第一节　新媒体的内容运营

一、新媒体的内容、业务和产品

我们在研究新媒体的内容运营时，首先要对几个常见的概念做一个基本区分，也就是内容、业务和产品。

（一）新媒体的内容

“内容”是媒介运营的核心要素，是指以媒介为传输载体的各类信息形态的总称。

从文化学的角度出发，“内容”这一概念的主要意义在于容纳之物有内涵，能容万物。内容指的是一种能够把外在包容其内的状态。从传播学的角度出发，传者、信息、媒介、受者和反馈是传播的五个核心要素。从媒介产业的角度出发，内容是媒介产业链条中重要的环节，和传输环节、经营环节、终端环节等同样重要。内容资源是媒体联系受众、经营广告的基本要素。

从数字新媒体运营的角度出发，内容是能够承载和传播信息的专业技术平台和软硬件上所承载的信息形态的总称。快速发展的数字技术造就了快速、通畅的传输网络，形成了强大的信息处理能力，对信息内容的处理更快、更便捷。具体来看，新媒体的内容包括文字、图片、音频、视频等。

（二）**新媒体的业务**

“业务”是指媒体基于现实的内容，考虑内容与用户或者广告主需求之间的关系所规划出来的方便使用的各种外在的信息服务的表现形式。从字面意义来看，业务是指个人的工作职业或者机构的专业服务项目，其解释有两个核心点：第一是专业性，能称之为业务的，一般都是某个领域的专业性工作；第二是事务性的具体项目，指这些专业性的工作所包含的有着特殊知识技能和要求的具体项目。

从媒体运营的角度来说，业务是附着在内容和需求之上的，在现实运作中，媒体的运营方往往是以业务形态的规划作为内容和商业模式的设计基础的，而用户也往往是通过媒体提供的业务产品来实际使用和消费媒体的。在传统媒体时代，“业务”的概念还不太强，然而伴随着新媒体技术的发展、用户需求的碎片化、海量内容的出现，媒体的运营需要更多的分类规划和分解传递，媒体内容和用户需求之间的联系需要不同业务形式来构建，业务的重要性才得以凸显。

（三）**新媒体的产品**

“产品”是指媒介根据市场的需求所生产的，能满足媒介消费者需求的产品和服务。在经济学的解释中，产品是指能够提供给市场，被人们使用和消费，并能满足人们某种需求的任何东西，包括有形的物品，无形的服务、组织、观念或它们的组合。媒体产品的释义其实正是在这个基础上的一种延伸和拓展。

新媒体的产品是基于内容和业务所提供的，能够让用户直接接触、使用和消费的，具有可交易性质的形态。媒体产品作为产品，首先是一种商品，具有使用价值，其价值是通过满足受众的需求来实现的，这是媒体产品的自身要素；其次，媒体产品跟其他产品一样，要实现其价值，必须投放到市场，在市场的指挥下进行流通，这是媒体产品的外部要素。

在现实生活中，一部电影、一部电视剧、一个App，都可以称为新媒体的产品，它们的共同点在于可以被用户直接接触并使用，而且可以进行消费。

（四）内容、业务、产品之间的关系

从信息传播的角度来看，内容是信息的首轮加工产品，也是媒体“传播”的对象，是媒体产品、媒体业务的重要基础与核心。产品有更深一层的加工含义，并且通常被赋予“消费”“交易”的含义。

在针对消费者或者受众、用户时，业务和产品的意义有时可以通用。但是从媒体运营的角度来看，业务的范畴更大，同一业务下可以包含多种产品，而“业务”的承载和表现往往都是产品。例如：××媒体机构在进入××业务领域后，推出了××产品。但是，从严格意义上来说，三者的概念是不同的，在研究新媒体时，通常需要对这三个概念进行差别化运用。

接下来，我们看两个实际的案例，来了解内容、业务和产品之间的区隔使用。

第一个案例是新华社的一段新闻：新华社研发成功的基于新兴移动终端的中国网事客户端及中国首部动漫新闻评论节目“E哥有话说”在杭州上线和首播。中国网事新媒体客户端是国内首个集文字、摄影、视频、微博等内容于一体的“融媒体”新闻终端产品。这是新华社进入新媒体业务领域的一个重要尝试。

第二个案例是乐视网在2013年财报中的摘录：“乐视网是国内最早购买影视剧版权的视频网站，提出‘全、新、清、深’的内容建设思路，并建立国内最全的正版影视剧版权库，电影版权超过5000部、电视剧版权超过9万集，构建起一个庞大的视频内容云平台。凭借最全的影视剧库和‘乐视制造’这一视频网站自制第一品牌，乐视网已成为专业长视频第一的视频

网站，付费业务和版权分销业务长期稳居行业第一。”

从这两段文字中我们可以清晰地看到内容、业务和产品三个概念的不同，虽然在部分场合中，我们经常混用这三个概念，但实际上，三者之间是有差别的。

二、数据在新媒体内容运营中的作用

在传统媒体时代，媒体的内容生产过程相对简单，而新媒体给整个信息传播环境带来了极大的改变，也重构了内容运营的流程。在这个过程中，数据扮演着越来越重要的角色。

（一）新旧媒体的内容运营流程有着显著差异

在传统媒体的内容运营流程中，媒体机构负责对信息进行加工整理，形成内容产品之后，通过各自的信息传播渠道将内容产品分发给不同的受众。受众在接收信息之后通过一定的方式向内容产品的提供者进行反馈，媒体再根据受众反馈进行下一次内容生产的调整，这就完成了一次内容生产、分发、消费的过程。

事实上，传统媒体中的信息传播流程即可对这种媒体内容生产和运营的过程做出解释。唐·E.舒尔茨在他的《全球整合营销》中，为依托传统大众媒介建立起来的营销传播做了一个模型图。舒尔茨清晰地标明了信息流动的方向，即从信源流向信宿，基本保持线性的流动。而消费者在营销传播中处理信息的方式也是线性的，表现为接触—注意理解—接受—保留。

经过长期经营和管理实践的探索，目前，新媒体已经形成了较为完善的内容运营流程，以平台化的模式对内容的生产、传播进行了流程再造。首先，新媒体的内容运营需要经过内容获取、集成、分发三个重要环节。新媒体通过各种渠道广泛吸纳海量内容，新媒体机构对各种内容进行集成，使之成为符合市场需求的内容产品，并面向多种终端和用户进行传输分发。

在各个环节中，新媒体内容运营均体现了多元化、多样性、开放式的特点，使之有别于传统媒体封闭式、单一化的管理模式。其次，新媒体的内容运营还有两个重要支撑：一是内容监管，即内容的可管可控，通过遴选和监控保证内容的安全可靠。二是媒体资产管理系统的建设。媒体资产管理系统在新媒体内容管理过程中的作用至关重要，新媒体的内容管理流程千头万绪，需有更科学的管理系统来保证资源的合理配置。同时，原始的内容资源通过媒体资产管理系统的配套之后，可以进行多次开发，深度挖掘内容资产的价值。

此外，新媒体机构在内容运营的过程中有一个极为重要的特点，就是将内容视为产品。互联网产品其实并未创造出全新的生产机制，只是更加灵活地根据用户反馈进行产品调整。虽然这种不断获取反馈，再不断调整的方式并不一定都会采用最新的手段与方法，大数据和小数据、中数据的结合使用是常态，但是在这方面，传统媒体工业化的程度依然有所欠缺，究其原因主要是产品意识不强。

（二）**大数据在新媒体内容运营过程中发挥着巨大的作用**

正如前文所述，新媒体的内容运营流程可以分为基本内容获取、内容集成、内容分发和交易三个大的环节。无论具体的内容产品是什么，总结来看，媒体进行内容生产的最终目的是搭建起恰当的商业模式，从而实现盈利。目前，用户付费、商业广告、内容销售是最常见的三种模式。所以，对于内容运营这项工作来说，大数据的作用是要从这三个层面来提升新媒体机构的盈利能力。

在传统的媒体内容生产过程中，数据最重要的作用就是从用户与广告主的需求角度出发，为内容生产者提供必要的参考和借鉴。然而在大数据技术的支持下，数据的作用和重要程度都发生了改变，也在颠覆原有的媒体内容生产的模式。在运营过程的各个环节中，大数据都可以参与其中，并且有效地提升新媒体机构内容运营的效率，优化运营效果。

第一，在内容获取方面，不管是自主内容生产还是外部引入，即通过购买、合作的方式获得内容，都需要利用数据对其进行评估，从而生产、获取更加符合市场需求的内容产品，甚至数据本身就可以成为优质的内容。

第二，在内容集成环节上，新媒体机构要实现的是内容的业务化和产品化，在这个过程中，需要根据终端、渠道、受众的不同将原始内容加工整理成更加合适的内容产品，大数据的指导作用同样重要。在这个过程中，可以利用数据的支持对内容产品进行优化，通过编辑整理让内容产生更大的价值。

第三，在内容分发环节上，如何让不同的用户在不同的时间，利用不同的终端接收最合适的内容产品，并且让新媒体机构在第一时间获取用户的评价与反馈，这是大数据需要解决的重要问题。实现精准的推荐和个性化的分发模式是现在新媒体机构在内容分发层面上的工作重点。

帮助新媒体预知用户、受众的需求，提前生产出符合他们需求的内容及产品，同时进行内容产品的优化，并且帮助媒体用更加合适的方法去传播和营销，这是大数据在新媒体内容运营中的重要使命。在接下来的章节中，我们将具体探讨大数据如何帮助新媒体机构优化其内容运营的工作。

第二节　大数据改变新媒体的内容生产——以数据新闻为例

一、数据新闻的概念和发展

根据业界的认知，数据新闻又叫数据驱动新闻，是指基于数据的抓取、挖掘、统计、分析和可视化呈现的新型新闻报道方式。数据新闻是在大数据的技术背景下产生的。数据新闻是随着数据时代的到来出现的一种新型报道形态，是数据技术对新闻业全面渗透的必然结果，它的出现在一定程度上改变了传统新闻的生产流程。

（一）**数据新闻的起源：精确新闻报道**

精确新闻学理论亦被称为精确新闻体、精确新闻报道，是由美国学者、新闻记者菲利普·迈耶在20世纪60年代提出来的。在《精确新闻报道：记者应掌握的社会科学研究方法》一书中，菲利普·迈耶将精确新闻的含义界定为：记者在采访时，运用调查、实验和内容分析等社会科学研究方法来收集资料、查证事实，从而报道新闻。

在当时的时代背景和环境下，新闻业界希望能够以更加精确的数据、概念来分析新闻事件，尽可能避免主观的、人为的错误，使新闻报道更加客观、公正，所以民意调查研究成为当时精确新闻学的最主要的组成部分。随着民意调查强调民主的美国的日益发展与多样化、细化，以及新闻教育变革和新闻传播技术的发展，特别是电话的普及和电子计算机的广泛使用，精确新闻报道日益成熟。精确新闻报道使记者在采访时能运用科学的方法进行直接或间接的系统观察，这就使这种观察具有代表性，而且在内容上它是以严肃的数据为依据的，可以使新闻报道更加客观、公正。传统的新闻报道是记者被动地报道或解释新闻事件，新闻报道被狭隘地限制在“对新闻事件的报道与解释”上。精确新闻报道的出现，使记者能采用系统的科学方法，主动采集、加工资料，挖掘隐藏的真实信息。从这些关于精确新闻报道的阐释中可以看出，人们很早就开始探讨如何使新闻报道更加精确和客观，尤其是如何将数据与新闻报道结合在一起。

在这之后，新闻报道与数据之间的距离不断被拉近。20世纪90年代，随着计算机技术的普及，“计算机辅助新闻”在新闻调查与新闻报道中的比例日益增加，这进一步提升了新闻报道的精确性。之后，“数据库新闻”等概念出现，新闻报道从生产方式到报道形态都发生了巨大的变革。21世纪初，记者们开始尝试从一些数据库中找出有用的数据以便挖掘新闻专题。这些数据库既包括政府公开的数据库，也包括媒体自己的数据库。在不久之后，数据驱动新闻、大数据新闻等概念以及操作方法应运而生。显然，这一过程与人类的数据处理技术的进步是同时发生的。

（二）数据新闻的诞生和概念

关于数据新闻概念的诞生，业界和学界目前并无统一的判断，但是仍有一些标志性的事件可以帮助我们更好地了解数据新闻的发展过程。

例如，澳门科技大学章戈浩教授认为，第一个利用数据进行的新闻报道可以追溯到 1821 年 5 月 5 日，那是《卫报》首期报纸的头版新闻：曼彻斯特在校小学生人数及其平均消费。现在还可以从《卫报》的网站上下载到这份原版的 PDF 数据。方洁在《数据新闻概论》一书中则表示，率先提出“数据新闻”概念的是《华盛顿邮报》的软件开发员兼网站的创建人阿德里安·哈罗瓦提，他在 2006 年的一个论坛中做了名为《报纸网站变革的一种基本方法》的演讲。在这场演讲中，他虽然没有直接给出“数据新闻”这个概念，但是已经提出了相关理念，因而被业界认为是数据新闻的创立者。我们可以看出，数据新闻的诞生与数据在新闻报道中的应用息息相关，但是数据新闻绝不简单地等于使用了数据的新闻报道。因此，我们有必要对数据新闻的基本概念做一个简要的界定。

目前学界和业界对于“数据新闻”还没有形成统一的认知，所以在对数据新闻的概念进行解释的时候，会出现一定的差异。总结来看，学界与业界对于数据新闻有一个共同的认知，即数据新闻是一种运用了数据理念的、全面变革了的新闻报道方式与制作手段。

例如，美国伯明翰城市大学的教授保罗·布拉德肖认为数据新闻就是一切用数据处理过了的新闻，数据新闻的制作过程可以用倒金字塔来表示，包括数据汇编（Com-Pile）、数据清理、了解数据和数据整合四个部分；数据新闻的传播过程通过正金字塔来完成，包括可视化处理、叙述新闻故事、通过社交媒体发布、受众根据自身的需要和兴趣有选择地使用。在整个过程中，数据处理的最终目的是完成数据的可视化并实现有效传播。这个金字塔的解释图在学术界广为流传。我国香港城市大学的祝建华教授认为，数据新闻是用来过滤和分析海量新闻数据的工具，它通过对数据的整合，实现对新闻的挖掘。在业界，对于数据新闻概念的讨论也有很多。《卫报》《纽约时报》《华盛顿邮报》等数据新闻的实践者都提出了对于数据新闻的自我认知。例如，《卫报》数据新闻编辑西蒙·罗格斯认为："数据新闻不是图形或可视化效果，而是用最好的方式去讲述故事，只是有时故事是用可视化效果或地图来讲述的。"

数据新闻与精确新闻的差异主要体现在三个方面。第一，是分析和处理的数量有着显著差异；第二，是数据对于精确新闻来说是一种辅助，但是对于数据新闻而言则是核心驱动力；第三是承载平台，精确新闻基本还是以传统媒体为介质，而数据新闻主要利用的则是数字化媒体平台。如果从数据新闻与传统新闻报道的差异点来看的话，数据新闻被认为是通过数据处理来进行的新闻报道，极为强调新闻报道与数据之间的关系。从数据新闻对新闻叙事的创新的角度来看，数据新闻是一套囊括了许许多多的用于新闻叙事的工具、技巧与方法。为了提供更加生动、鲜明的阅读体验的新闻报道生产方法。从工作流程与方式的角度来看，数据新闻应当是一种全新的工作流程，包括抓取数据、挖掘数据、数据可视化等基本步骤，在这个过程中实现数据与新闻信息的融合。

在学界与业界共同探讨数据新闻的过程中，《数据新闻手册》一书诞生了。该书的编写始于2011年伦敦的一个48小时工作坊。该书由欧洲新闻学中心和开放知识基金会共同倡导，来自《卫报》《金融时报》和《纽约时报》等多家媒体的专注于数据新闻领域的业界和学界人士通过网络协作方式完成编写。2013年经欧洲新闻学中心授权，《数据新闻手册》中文版经30人专业团队志愿翻译成稿，并由香港大学JMSC进行质量审核。该书将数据新闻的概念界定为：简单来说就是用数据报道新闻。它为记者将传统新闻敏感、引人入胜的叙事能力与规模庞大的数字信息结合起来提供了可能。

（三）数据新闻的特征和趋势

既然数据新闻强调用数据处理的理念改造新闻报道的生产与传播方式，那么数据新闻势必会与传统的新闻报道产生极大的差异。学界与业界对于数据新闻的特征也做了不同程度的梳理。

在一定程度上，学界的不少专家将数据新闻的特征与其“功能及价值”结合在一起进行了表述。例如陈力丹在《大数据与新闻报道》一文中表示：“通过对国内外有代表性媒体的大数据新闻实践进行研究，可以总结出大数据新闻的四个功能，即描述、判断、预测、信息定制。”彭兰在《“大数据”时代：新闻业面临的新震荡》一文中认为，数据新闻会使得趋势预测性新闻和数据驱动型深度报道分歧增加；新闻报道中的数据呈现、分析和解读能力提高；新闻生产中跨界合作加深。方洁则明确地提出数据新闻包含的特征：以服务公众利益为目的，以开放的数据为基础，以数据处理分析的结果作为驱动报道逻辑的核心，以可视化作为其主要的呈现方式。

数据新闻的特点在于，利用大数据的理念，恰当的数据处理的方法和工具，重新构建起新闻报道的流程，强调挖掘数据本身的价值，强调新闻事件与数据之间的关系，强调用数据可视化的方式来展现新闻事件。正如大数据本身的特征一样，依托于大数据技术存在的数据新闻也必然拥有相似的特点。德国之声记者米尔科·洛伦兹在《数据新闻手册》中绘制了数据新闻的制作过程。这个过程大致可以分为四个步骤，即收集数据、清洗数据、可视化处理、故事化的编辑报道。

在今后一段时间内，伴随着大数据技术的发展、机器学习的升级，数据新闻也会迎来新的发展。

二、新闻媒体的数据新闻实践

大数据的广泛嵌入性和规模化处理信息的特质把媒体报道的范围和创

造性提升到一个新的水平，并以实践项目促进新闻职业理念的创新。数据新闻的创新体现在数据驱动的调查性新闻、数据可视化叙事、数据驱动的应用三个层面。数据新闻迅速发展的另一个重要例证在于数据新闻奖的设立。该奖项于2012年设立，是国际上第一个表彰数据新闻领域优秀作品的专业奖项，对参选者进行分析，可管中窥豹地了解全球大数据新闻的实践尺度。奖项评选由全球编辑网发起和组织，谷歌公司资助奖励。首届评选即有51个国家286个参赛项目，入围59个项目/作品，最终6项作品获得大奖。可见，新闻媒体机构已经给我们提供了大量可供学习及参考的数据新闻作品与案例。

（一）英国《卫报》的数据新闻实践

《卫报》是英国的全国性综合内容日报，与《泰晤士报》和《每日电讯报》被合称为英国三大报。《卫报》由约翰·爱德华·泰勒创办于1821年5月5日。该报注重报道国际新闻，擅长发表评论和分析性专题文章。该报主要读者为政界人士、白领、知识分子。发展到今日，《卫报》成了严谨的、可信的、独立新闻的代名词，是一份定位于高端市场的主流大报。同时，《卫报》在传统纸媒的数字化转型探索中也颇具代表性。在数据新闻领域中，《卫报》是一个具有典型性的实践机构，运作了诸多极具代表性的数据新闻案例。

1. 从“开放新闻”理念到“数据博客”

2006年6月13日，《卫报》宣布了“网络优先”的报道策略，要求所有的稿件先在网络上发布，然后才在纸质版本上刊出。此后，《卫报》又将此策略调整为“数字优先”，以适应移动网络等多种数字平台的出现所带来的改变。网络平台或其他数字平台其实已经不仅仅是信息发布的平台或工具，更成了信息收集的平台和工具。通过这一改变，《卫报》的新闻先在网络平台或是其他数字平台上发表，编辑部门可以根据读者的即时反馈来调整稍后推出的印刷版本中不同新闻的版面位置与报道篇幅，同时也可以将读者的评论作为进一步跟进报道的依据。

2009年，《卫报》推出了具有里程碑意义的“数据博客”栏目。对于这个栏目的前任主编西蒙·罗杰斯来说，“数据博客”可以解读为“众包新闻”：“我们处在一个被信息淹没的时代，互联网的发展让我们接触到更多的信息，但要快速找到对我们有用的信息反而更难。《卫报》每天都要处理来自全球各地的大量数据，然而这些经过分析处理的数据知识在报纸出版当天具有价值，之后就被丢弃在历史档案中。创建数据博客，就是要将最新获得的数据开放给读者，与读者共享数据。”

事实上，“数据博客”所带来的众包效果以及在多次新闻报道中的出色表现，让《卫报》在数据新闻领域中一举成名。同时，《卫报》还在官网上开辟了“数据商店”栏目，并将“Data”频道放在了网站首页，与各类新闻栏目并列。

2. 数据新闻对于《卫报》新闻生产带来的改变

西蒙·罗杰斯对《卫报》数据博客项目的操作流程介绍包括分享数据、电子数据表、分析数据和呈现数据。这四个步骤和此前我们在学习中了解到的大数据的一般处理流程是极为相似的。

首先，分享数据也就是获取数据的过程。《卫报》已经构建起一张非常庞大的数据搜集网络，可以帮助其获得大量的、丰富的数据。其次是对这些数据进行必要的整理和清洗。在这个过程中，《卫报》充分运用了谷歌等公司提供的数据处理工具对这些数据进行初步的加工整理。再次是分析数据，找出数据的核心价值，并为最后的新闻报道做好准备。最后是呈现数据。《卫报》充分利用各种免费的可视化工具将数据报道用文字、图表、数字等方式呈现出来。

从部门和人员配置上来看，《卫报》在2009年3月成立了全球第一个纸媒的数字新闻部。《卫报》的数字新闻部针对新闻选题搜集、分析海量数据，在收集、过滤、分析数据后，通过图表、地图或互动效果图等形式进行数据可视化转化，从而完成视觉化新闻叙事过程。《卫报》的视觉设计人员分散在采编的各个部门。数据新闻团队则由 5 人组成，其中西蒙·罗杰斯是数据新闻项目的创立者，负责“数据博客”和“数据商店”等栏目的编辑工作。其他成员并非全职的数据新闻记者，他们还隶属于《卫报》的不同部门，从事其他新闻采编工作。此外，数字新闻部的美编共有 5 人，其中 3 人负责当天的新闻版面设计，还有一人负责之后的版面设计，也就是提前设计。其他部门也有设计师，其中体育部 2 人，专题部 3 人，还有一些不固定的设计师会做一些副刊和其他的一些设计。《卫报》还有一个由 6 人组成的图表设计部，其中 4 个人做报纸和网站的图表设计，另外 2 人做互动图表。

可见，数据的理念贯穿在《卫报》新闻报道的各个环节中，数据新闻产品的打造对于新闻内容的生产来说是一次全方位的变革，从人员组织到操作方法，都与传统新闻内容生产有着极大的不同。

3.《卫报》数据新闻的代表性作品

在《卫报》众多数据新闻项目及作品中，较为著名的几个案例包括伦敦奥运票务报道、英国骚乱事件报道和维基解密事件报道等。在此，我们以英国莱切斯特大学法利达·维斯在《数据新闻手册》中整理的《卫报》对英国骚乱事件的数据新闻报道过程为例，呈现一次完整的数据新闻报道过程。

2011 年夏，英国发生骚乱事件，此起彼伏。当时，政客们认为这些不法行为绝对与贫困无关，那些趁乱打劫者只不过是罪犯而已。此外，首相和其领导的保守派政客一致把矛头对准社交媒体，他们认为，在这些平台上充斥着煽动性言论，而且暴徒们利用脸谱网、推特进行组织，因此社交媒体是引发骚乱的罪魁祸首。有人叫嚣着要暂时关闭社交媒体。因为英国政府并没有对骚乱的起因展开调查，故《卫报》与伦敦政治经济学院合作创建了史无前例的“解读骚乱”项目以解决这些问题。

《卫报》广泛地采用数据新闻的手段，以使公众能更好地理解谁是趁乱打劫者，他们为何要参与抢劫。不仅如此，他们还与另一支由英国纳彻斯特大学的罗伯·普克特教授领导的学术小组合作，以便使公众更好地理解社交媒体所扮演的角色。在骚乱期间，《卫报》本身在报道时便广泛使用了社交媒体。“解读骚乱”小组由《卫报》“特别企划”栏目的编辑保罗·路易斯领导。在骚乱发生期间，保罗走遍了全国骚乱的第一现场（大部分的报道是通过其推特账号 @paullcwis 发布的）。第二支小组主要对推特网提供的 260 万条有关骚乱的信息进行分析。对社交媒体进行调查的主要目的是看看谣言是如何在推特中传播的，不同的用户与参与者在信息的宣传和传播方面起到何种作用；也看看这些网络平台是否被用于煽动骚乱，并且检测一下其他形式的组织的工作情况。

就数据新闻的使用和数据可视化而言，区别如下两个关键期相当重要：第一阶段是骚乱自行爆发时期和随着骚乱的进一步发展，数据有助于提升故事叙述的完整性；第二阶段是两班学者与《卫报》携手并肩，更深入地开展研究，以便收集数据、分析数据并就调查结果写出有深度的报告。2011 年 12 月初，《卫报》对“解读骚乱”项目第一阶段的研究结果进行了为期一周的报道。接下来要讲的是数据新闻应用于这两个阶段的一些关键案例。

第一阶段：骚乱发生。

通过使用一些简图，《卫报》数据小组标示出已确定无疑的骚乱地点，且通过将贫困人口数据与发生骚乱的地点相结合的方式，驳斥骚乱与贫困无关的言论。这两个例子都是使用现成的制图工具，且第二个例子将地点数据与其他数据结合，并建立起其他关系和连接。

针对骚乱期间对社交媒体（在本案例中特指推特）的使用，《卫报》制作了一个推特上与骚乱有关的标签使用情况的可视化作品，这凸显出推特主要用于对骚乱的回应而非组织人员参与抢劫。骚乱清理，即在骚乱后自发组织清洁街头的运动，才是骚乱期间使用推特的最高峰。

第二阶段：解读骚乱。

当《卫报》报道其几个月来深入研究以及与两个学术小组密切合作的调查结果时，出现了两个引人注目的可视化作品，引起公众热烈讨论。第一个可视化作品是一小段视频，呈现了将骚乱的已知地点与参与者家庭住址相结合的研究结果，并表明存在所谓的“骚乱与家的路径”。对此，《卫报》模拟出参与者到达不同地点进行趁火打劫时最有可能经过的路线，突出不同城市的迥异模式，有的案例中歹徒会长途跋涉参与骚乱活动。

第二个可视化作品涉及谣言在推特上的传播方式。通过与学术小组的讨论，大家一致同意分析七种谣言。之后，学术小组收集与每种谣言相关的所有数据并设计出编码表，根据如下四种主代码对推特信息进行编码：取复谣言者（发表声明）、抗拒者（提出针锋相对的言论）、质疑者（提出疑问）和评论者（点评）。所有推特信息被编成一式三份，其结果由《卫报》的交互小组进行可视化处理。《卫报》小组把他们制作可视化数据作品的过程写了下来。

这种可视化的好处在于能有力地展现那些难以描述的东西，表明了谣言病毒传播的本质，以及谣言的生命周期是如何随时间而变化的。对于一些谣言的传播，主流媒体的作用是不言而喻的。正如，在处理这些流言蜚语方面，推特存在自我纠正的特征。这种可视化不仅对事件过程的讲述大有帮助，而且对于谣言是在推特上流传的说法提出了真知灼见，这为应对未来事件提供了实用的信息参考。

最后一个例子清楚地表明了《卫报》小组和学术小组能够深入分析 260 万条参与暴动的推特信息的强协同效应。学术小组定制了一套工具，用以对数据进行分析，他们现在正努力做到在适当时候让那些希望使用这些工具的人能随时随地使用，从而为他们的分析提供一个工作平台。

（二）美国《纽约时报》的数据新闻实践

《纽约时报》于 1851 年创刊，是一份在美国纽约出版的卫报，在全世界发行，有相当大的影响力，是美国高级报纸、严肃刊物的代表，长期以来拥有良好的公信力和权威性。1995年，《纽约时报》网络版创刊；2010年，为了维持盈利，《纽约时报》开始探索线上订阅等经营模式；2014年，纽约时报公司公布了两个新的数字订阅模式。由此可见，《纽约时报》一直在探索网络化与数字化的转型，在数据新闻方面也做了很多探索。

1. 从部门架构到人才培养的全方位数字化调整

《纽约时报》的数据新闻探索并非一日之功，而是从最初的数字化、网络化转型开始就打下了坚实的基础。2005年，《纽约时报》将报纸编辑部和网络编辑部重新组合，在新闻采集、内容生产、多平台建设方面建立紧密的协同机制。此后，《纽约时报》一方面加大了从互联网公司引进先进人才的力度，招聘了很多信息科技、网络技术及编程人员，其IT部门人数已达500人。除此之外，该报还有一个120人组成的产品团队，30人组成的数字媒体设计团队，30人组成的用户分析团队以及8人的研发团队。《纽约时报》还成立了商业智囊团，专门负责《纽约时报》及报业集团的科技信息化转轨，并利用数据挖掘直接指导公司的商业决策。另一方面，《纽约时报》还建立了一套具备国际水准的支持系统，以培训传统记者，保证并激活传统采编人员向全能化、复合型人才转型。这个系统包括与国外机构建立的良好关系、完善的特约通讯员网络、坚实的研究支持以及与国外高校的新闻学院的合作，以保证充足的数字化新闻人才不断注入公司。

2014年秋，《纽约时报》创建了一个新的新闻编辑部领导层，由4个执行副总编辑、1个创意总监和1个创新策略主编构成。创新策略主编由美国国家公共广播电台（NPR）前首席内容官金赛·威尔逊担任，任期从2015年2月开始，他将领导时报新闻编辑部的数字化转型。时任执行总编的迪恩·巴奎特在致员工的备忘录中宣布了这一任命，并称：他将帮助绘制一个使我们成为真正数字新闻机构的路线图，他将确保我们记者拥有讲述伟大故事所需的工具，并确保我们能吸引和服务于我们的读者，无论他们何时何地访问我们。

2. 开放数据，同时打造数据新闻栏目

数据新闻报道的一个要点就是获取数据的同时也积极开放数据。在这个方面，《纽约时报》的探索可以追溯到1998年。那时《纽约时报》就开通了全文数据库，为读者有偿提供从1851年迄今为止长达100多年的《纽约时报》的所有报道内容，无论是文字、图片还是视频等多媒体格式内容都在新技术的帮助下实现了内容的产品化、资产化，用户可以通过登录Proquest数据库或是用《纽约时报》网站的搜索功能直接进行检索，并通过相应的付费获取所需内容。

在具体运用“数据新闻”这一全新理念的新闻产品生产方面，《纽约时报》推出的是The Upshot栏目。在2014年4月，《纽约时报》推出了新栏目，将智能分析、写作、数据可视化与个性化相结合，针对政治经济领域，通过数据分析和呈现，帮助读者洞悉复杂的政经事件背后的含义。除了严肃的政经主题之外，The Upshot还推出了许多体育主题的作品，覆盖世界杯、橄榄球、棒球、足球、NBA等。根据国外网站“共同设计”的报道，在不到一年的时间内，The Upshot就取得了优良的业绩：它为《纽约时报》带来了5%的整体流量，在17名记者的努力下，制作出了《纽约时报》网站2014年被查看次数最多的两个故事。

马鑫曾在《从〈纽约时报〉、影博社看数据新闻的运用及发展》一文中表示，The Upshot栏目的作品具有个性化、功能性、常规化这三个特点。其中，个性化是指个体读者能够通过互动，与一个数据新闻报道或作品产生共鸣，例如“租房还是买房?”这一作品，通过互动使房价涨跌等宏观数据与每一位读者的生活联系起来。功能性是指《纽约时报》在数据新闻作品中，更突出作品的功能性，于是可视化的设计通常偏简洁，从而方便读者和用户上手操作。常规化则是指《纽约时报》十几人的数据新闻团队的组建可以有效地帮助其实现数据新闻作品的常态化生产。

3.《纽约时报》的典型数据新闻作品

在数据新闻的探索中，《纽约时报》不仅在数据处理方面颇具代表性，在互动体验以及可视化表现方面也获得了业界极大的认可。

2012 年，《纽约时报》曾以一篇名为《雪崩》的多媒体交互式新闻报道，震惊整个报业圈，甚至有人称其将重新定义传统媒体的新闻生产。《雪崩》之所以能够在发布 6 天后就以出色的表现获得 290 万的访问量和 350 万的页面浏览，是因为它并非简单地将文字、图片、视频拼凑在一起，而是在报道技术上颠覆了传统报纸的新闻呈现方式，真正实现了媒介融合。打开这个作品的网页，呈现在读者眼前的首先是全屏循环播放的积雪滚落山坡的视频，往下滑动页面，文字穿插于视频、照片和信息图之间，一条简单的新闻通过融合性的展示方式形成了新闻产品，多媒体内容融合在一起给予读者的是一个接一个的视觉高潮。不仅如此，《纽约时报》对其发行渠道也进行了创新，他们率先将《雪崩》转制成电子书，一本卖 2.99 美元，其内容均为《纽约时报》的优质新闻报道。

除此之外，《纽约时报》还建立了互动新闻技术部、数据新闻团队等，以期不断创新新闻报道方式，制作更为多样的新闻产品。发展至今，《纽约时报》每年都会完成近百个互动的信息图，每一张都少不了数据在底层作支撑，并用读者更加容易理解的方式解读出来。例如奥运会时的“如何赢”系列图片，《纽约时报》用 3D 捕捉技术和动态图片向读者展示金牌和银牌之间的细微差别——这本来是用文字都难以清晰说明的部分；总统大选后，《纽约时报》根据“摇摆州”投票数描绘出的“摇摆”的线条，颇为直观地表达出这些“摇摆州”在历史上是怎么“摇摆”的；在 2014 年对于埃博拉疫情的报道中，《纽约时报》调动所有部门，协调一致、通力合作，打通多个平台，结合全球各分站点的视频、摄像作品，呈现出集文本、视频和图片报道于一体的可视化报道。

第三节　大数据改变新媒体的内容运营——集成、分发和交易

一、新媒体的内容价值实现——内容运营

目前主流的新媒体机构在内容价值的实现上主要有三种方式。

具体来看的话，第一种是将内容销售给用户，包括个人用户与机构用户，然后获取一定的收入，从而体现出内容的价值。按照通常的理解，视频网站的用户付费形式就是这种内容价值体现方式的代表。第二种是合理设计内容播出过程中的各种品牌曝光机会，即广告产品，并将其销售给广告主从而获取广告收入。无论是硬广告还是软广告，都是这种内容价值的重要实现方式。第三种就是将内容的不同版权产品销售给其他媒体机构或者播出平台，从而获得相应的版权收入。

为了获得更高的盈利，最大限度地实现内容的价值，新媒体机构除了需要提升内容本身的质量、提高其吸引力之外，还需要通过各种各样的包装方式、营销手段去进一步提升自身内容产品的价值，从而获取更大的收益，这就是我们所说的内容运营过程。具体来说，"运营"的概念包括内容的编辑、推荐和销售三个方面。

与传统媒体相比，新媒体的内容运营模式是有着鲜明特色的。中国传媒大学周艳教授认为，以互联网为代表的新媒体机构在内容运营方面经历了不同的发展阶段。第一阶段是较为粗放的内容运营模式："广播式媒体通过自制或者采购、合作等方式，获得优质的内容，并且按照用户需求的种类、时间、区域差异等将其编排并分发出去。而互联网媒体的内容运营因为一开始就不是构建在自制内容基础上的，没有独立的采编权，其在内容

运作上是对传统媒体数十年内容沉淀的‘盘剥’和‘压榨’，互联网媒体能够将海量存储内容的多媒体性质呈现给用户，并且主要通过‘标题党’的形式不断创新策划和编排手段，使得原来线性内容被加工整理后更符合互联网用户的使用需求。”

第二阶段则开始运用数据的力量：“在内容缺口和创新压力下、技术支持下，互联网媒体构建了数据库创建内容的运作模式，通过构建强大的数据库并对其进行管理，梳理数据指标之间和不同数据库结构之间的关联。互联网能够把原本零散而没有关联的信息重新组合起来，生产出人们所需要的信息内容，于是其内容运营的能力得以大幅度提升……在内容营销方面，内容本身的数据、用户的基础数据、用户的信息浏览和使用习惯数据、信息传播过程中产生的交易行为数据等，这些通过传统方式很难得到的数据，在互联网上变得非常便捷，数据是透明的、可寻址的，这就使得互联网上的数据库营销更为常见，而且屡见创新。

2012年之后，大数据技术席卷了整个传媒产业，给新媒体的内容运营带来了更加深远的影响。在本节中，我们将重点讨论大数据如何从这三个方面来改变新媒体的内容运营，并最终影响其内容价值的实现。

二、大数据在新媒体内容集成和分发中的运用

此前，我们已经探讨过新旧媒体在内容运营中的差异，并指出在新媒体内容的运营过程中，内容被视为“产品”。而被赋予了产品观的内容运营，就会在产品本身质量之外追加更多对“包装”的要求，以便更好地吸引消费者并销售出去。对于用户来说，内容的编辑与推荐就相当于内容产品的包装和铺货，如何利用大数据技术来提升编辑的能力、推荐的精准性、分发的针对性，尤其是适应新媒体环境下受众碎片化和个性化的传播特性，就成为新媒体机构内容运营体系中的重要命题。

（一）人工与数据相结合的编辑策划，深度挖掘内容价值

互联网的发展带来了信息的大爆炸，对于个人用户来说，可以浏览的信息量过于巨大，不同网站内容同质化的程度也较高，难以做出选择。对于新媒体机构来说，帮助用户进行信息筛选，同时让自身的内容产品获得竞争优势以吸引用户的注意，这些工作是通过适当的编辑、包装和精准推送来实现的。换个角度来说，即便是同样的内容素材，也会因为不同的加工方式和编辑推荐而产生不同的效果。所以，编辑与推荐过程其实是对内容价值的再次解读与深度挖掘，是新媒体内容运营的重要组成部分。大数据在这项工作中的重要意义就在于帮助新媒体机构提升效率。

在视频网站中，Youtube可谓鼻祖。该网站首先将所有内容做了一个基本的划分，包括热门、音乐、体育、游戏、电影、电视节目、新闻、直播、焦点和视频，共十个频道组。其中音乐、体育和游戏三类由系统自动归类生成。这十个频道组从内容类型、体验类型、热门度等多个角度对视频进行了归类，方便用户进行查找。《好奇心日报》根据目标用户的需求推出了诸如“10个图”“TOP15”等栏目，事实上这些栏目为《好奇心日报》带来了极高的点击量和互动数量。几乎所有的互联网媒体都会对自身的内容做一个基本分类，这种分类方式首先是根据内容类型进行划分的，但同时也会根据用户调研、市场竞争等各种反馈数据来进行辅助决策，对内容产品进行基本的编辑策划。

另一个能够体现出人工编辑、策划思路的就是新媒体内容的“排序”，首页推荐、置顶、排行榜等都是典型代表。2012年6月，新浪微博推出智能排序功能，用户访问新浪微博时可选择“智能排序”或“更新时间排序”。有网友访问新浪微博时，界面会显示“温馨提示：你正通过智能排序的方式浏览微博，智能排序依据你的喜好帮你梳理微博内容”。新浪微博客服表示，智能排序是根据用户的关注、标签和微博内容等相关信息来判断用户的喜好，从而进行微博排序的。

Newsmap(新闻地图)是谷歌新闻聚合器上实时新闻反馈的可视化呈现。数据块的大小对应新闻受欢迎的程度。其反映的是谷歌新闻聚合器实时更新的新闻。这种数据可视图基于树状图的算法，适合表现大量信息的聚合。用颜色、标题字号、区块面积等来展现归并后的信息。这种排列方式打破了空间限制，帮助用户快速识别、分类和认知新闻信息，平面而直观地展现不断变化的信息片段。

需要注意的是，以目前的技术现实来看，短期内完全用数据和人工智能来进行内容编辑是不现实的，人工编辑的形式仍然是主流，大数据起到的是辅助性的作用。

（二）准确预判用户需求并进行相应的内容推荐

在进行合理的内容编辑之后，第二步是需要用到更多数据的推荐工作。除了用户可自主进行频道订阅以外，新媒体机构还会进行相应的推荐。为了提升这种推荐行为的精准程度，新媒体机构需要搜集大量的用户行为数据，以准确判断用户的偏好和倾向。一个简单的例子是，用户在视频网站观看视频之后，网站通常会有相应的内容推荐，比如同一导演、演员的其他作品，相似主题的作品等，用户点击越多证明推荐越成功，这种推荐就是依靠大数据来实现的。在视频推荐方面 YouTube 拥有独特的推荐算法，并在 2013 年获得了技术艾美奖。YouTube 从 2008 年起向用户推荐相关视频，用户可以在主页或者视频播放页面的右侧看到推荐视频。2008 年年底，推荐算法为 YouTube 每天增加了数十万小时的观看时长，如今，这个数字已经达到了数百万小时。YouTube 发现，基于用户所观看的一个视频来推荐最相关的视频反而会把用户吓跑：“如果我们把算法设计成始终推荐最相关的视频的话，用户很快就会感到厌倦。” YouTube 负责算法的软件工程师赫克托·易在接受采访时说，“用户喜欢观看不同话题的视频”。有时候，用户愿意点击的“相关视频”实际上是“毫不相关”的。

YouTube 发现，如果要根据个人兴趣来推荐个性化的内容，用户更喜欢连续观看不同题材的视频。换句话说，用户并不需要 YouTube 推荐与当前观看的视频绝对相关的视频，他们更希望看到自己感兴趣的不同题材的内容。从数据中，YouTube 获得了清晰的推荐依据，囊括用户的使用行为、使用时机等，比如什么时候用户会点赞，哪些视频他们会从头到尾地观看。总的来说，YouTube 追踪全网用户的观看行为并进行记录，用数据构建了一幅访问者可能会点击内容的图画，以此为当前观看视频的每个用户推荐其可能感兴趣的视频。

通过数据分析，视频网站的用户大体可以分为两类，一部分是有明确收看目的的，对于这部分用户，视频网站要做的是帮助用户减少观看过程中的操作动作，让他们能够快速找到想要收看的内容；另外一部分用户没有明确的收看目的，所以要根据数据为他们进行合理的内容推荐。美国在线视频网站 Hulu 针对第一种用户设计了一些数据产品，比如“show you watch”，这个产品可以把内容按照用户的最后一次观看时间进行排序，而且还通过数据分析形成机器学习模型进行排序，参考指标包括用户所收看剧集的播出时间、当前平台等信息。比如，《破产姐妹》是每周二更新，那么当这个用户在下周二登录时，“show you watch”就会为用户自动推送最新一集的《破产姐妹》。此外还有“show smart start”，就是用户进入剧集页面之后会直接进入上一次所观看的集数，不需要重新搜索。“upnext”是长视频会自动播放下一集，短视频会推荐相同主题的视频的产品。这些产品共同帮助用户提升观看体验。对于第二种用户，Hulu 设计了个性化的推荐首页，进行智能推荐，在推送之后还以小调查的形式了解用户对这个推荐的反馈意见，以便下一次更加精准地推荐。

另一个案例是我国的今日头条。目前几乎所有主流的新闻资讯 App 都会打出个性化推荐的旗号，然而他们的做法主要是让用户自己勾选，鲜有足够优质的算法来支撑。今日头条则不同，它凭借其核心的算法，可以做到较为准确的自动推荐。其中有两个最重要的机制，一个被称为“冷启动”，一个被称作算法的驯化。

冷启动是指用户在第一次使用所绑定的社交账户登录今日头条客户端时，今日头条通过对用户社交数据的挖掘，包括根据好友关系、兴趣所在、历史数据而形成的多个分析模型等，为使用者建立DNA兴趣图谱，这一过程用时只需5秒。从用户第二次使用今日头条开始，就进入到算法的驯化阶段。随着用户使用频率的增加，用户的DNA兴趣图谱会有所变化。今日头条不断地对用户的浏览、收藏、转发、评论等行为进行学习和分析，再结合其阅读习惯、阅读时间、阅读位置等多个维度，不断增加其属性。除人群属性外，算法还会对文章打标签，包括发布时间、文中出现的名人、发布文章的区域等。

但是，一个人会归属于多个人群，一篇文章也会有多个标签，因此必然会有多篇文章推荐给这个用户，如何确定推荐顺序呢？今日头条的推荐算法的核心原理，是让用户对文章进行投票，并把得票率最高的文章推荐给相同的人群。实际上，并非用户的所有阅读兴趣都能够被算法所洞悉、满足，有一些共性的需求，用算法来解决，不如用频道运营的方式来实现效率更高。因此，今日头条还会让机器将内容分成各种板块，让用户订阅。

（三）快速、有针对性的分发传播可以有效提升新媒体内容价值

新媒体传播的一个特性就是速度迅捷。在内容生产方面，大数据等技术的出现使得抓取、编辑、整理的速度不断提升，新媒体机构在生产和集成内容的同时，也作为其他媒体机构的内容源而存在。所以，在内容集成的同时，内容分发也在发生。因此，利用数据技术优化分发与传播路径，同样是新媒体机构内容运营的一个要点。

通常来看，如果想要优化分发与传播的效果，第一，必须对不同媒体、不同终端的用户的行为偏好有充分的了解。以视频产品为例，电视端更适合播放长视频以及画面精良的视频内容，手机等移动终端多半用来满足用户碎片化时间的信息获取需求，所以视频内容宜简短；在一天的不同时间段里，用户对于视频内容的类型的需求也会存在差异，新闻类、娱乐类、科技类、生活类不一而足；不同的用户群体对于视频内容的类型和特征也会存在需求的差异点。针对这些特点，内容生产者在将内容分发至不同的媒体类型以及终端类型时，应对用户行为、需求数据有充分的了解。第二，对于下游的传播路径也应当有一定的了解，以便掌控整个内容传播的过程，从而提出相应的优化方案与问题解决方案。

一般我们只能看到一段内容引发了推特、脸书的若干条分享转发，但是无法看到其传播的路径。对于了解网络扩散的算法的优化，从最初的分享者开始，复杂的网状模式传递给其他渠道的环节和其中的关联都可以被掌握。该工具能够通过跟踪包含在文章 URL 中的匿名代码来跟踪这个跨平台共享。

2009 年 8 月，《赫芬顿邮报》与著名社交网站脸书合作推出了一个社会化新闻服务项目“Huff Post Social News”，用户可以在该区域看到自己的脸书好友正在阅读的内容，也可以将感兴趣的内容直接发到自己的脸书账号，推荐给好友，由此形成一种信息筛选模式：将海量的新闻过滤成用户及其好友关注的部分，由用户决定需要了解的内容，并形成一定范围的传播。通过社会化新闻服务项目，《赫芬顿邮报》网站的访问量上升了 48%，达到 350 万次，网站个体用户达到 947 万。

三、大数据在新媒体内容交易中的运用

新媒体的内容运营流程中的另一个重要环节是内容的交易，包括内容的购买与销售、内容的置换等。在全球媒体产业中，内容交易市场已经非常规模化和成熟化，国内的内容交易也由来已久，在大数据的作用下，新媒体的内容交易出现了更多的变化。

（一）数据与内容交易密不可分

按照此前的论述，新媒体内容运营的另一个重要环节是通过内容销售实现版权收入。这就涉及了内容交易这个话题。交易双方在交易过程中必须对所交易产品进行充分的评估。然而，媒体内容产品不同于普通的标准化产品，它同时兼具物质产品与精神产品的属性，因而对媒体内容的评估是一个专业化程度很高的课题，在国内外已经有了上百年的学术探索和机构实践历史。不同种类的内容产品、不同阶段的内容产品，在评估方法、交易估值方面都会存在显著的差异。

一直以来，媒体内容的交易评估都在追求尽可能的准确与精细，为了不断优化交易决策，交易双方需要了解待交易的内容产品方方面面的数据与信息，并将这些数据、信息进行有效的整合，从而为决策判断提供重要参考。

总体来说，用以进行内容交易的内容评估是一套完整的数据体系，包括评估指标、评估方法和评估流程。这三个变量的不同会直接影响最终的评估结果，从而改变交易行为。因此，一直以来，媒体的内容产品交易都与数据密不可分，只是在不同的发展阶段，由于人们能够掌握的数据量的大小、数据类型的多少、数据分析和处理能力的强弱不同，因而体现出了不同的特点。

（二）大数据优化了内容产品的交易流程

内容交易的第一个环节是交易之前。此时，卖方需要考虑三个核心问题，即销售怎样的产品、何时销售、以怎样的价格销售。销售怎样的产品，需要卖方充分结合市场需求，对内容素材进行适当的编辑和包装，比如此前提到的拆条、重组等，因为不同的买方需要的内容产品是不同的。何时销售即思考在怎样的时机将产品销售出去，从而获得最高的利润。以怎样的价格销售考虑的是定价问题。而买方考虑的问题与此相对应，也是用怎样的价格，在怎样的时间，购买怎样的产品。

此后的环节就是交易中的交易管理和交易后的交易维系等。在新媒体机构的内容产品交易中，大数据的作用体现在两个基础层面。第一，帮助交易双方获取更多的数据作为决策支撑。第二，帮助交易双方以大数据的理念和技术手段来处理相关数据，无论是历史积累数据还是实时抓取数据，对这些数据的正确处理都可以提升数据的使用价值，更好地促进销售。

（三）大数据改变了内容产品的交易方式与手段

大数据给新媒体机构内容产品交易带来的另一项改变体现在交易的方式与手段上。在媒体内容交易中，视频内容是非常典型的一个分支，其主要的交易方式是通过交易展会（如电视节和电影节等）、版权交易中心（各地政府均建有版权交易中心，并允许社会机构参与），以及线上交易平台来实现的。传统的交易模式已经无法适应新媒体时代的市场需求，所以开放化、精细化和在线化是今后的发展方向，大数据将在其中发挥极为重要的作用。

1. 业界的相关探索

2013 年 SMG 旗下的上海五岸传播有限公司与成都索贝数码科技股份有限公司成立了合资子公司上海五翼文化传播有限公司，负责 SMG 内容交易平台的开发和运营。2014 年 1 月该平台正式上线，命名为秒鸽传媒交易网。秒鸽借鉴了“淘宝”的平台模式，客户（内容成品或素材版权的所有方）可以进入平台的“商场”中开设店铺，而商场则从交易订单中抽取佣金。同时，依托海量内容，平台也可为客户提供各类增值服务，包括信息订阅、版权管理等。同样开展此类业务的电视台还有中央电视台的“中国国际广播电影电视节目译制交易平台数字音像门户”、北京电视台的“京视网”以及长沙广播电视集团旗下的中广天泽运营的“节目购”。

一些文化投资机构也加入到内容交易平台领域，比如最早的陕西文化产业投资控股集团（以下简称“陕文投”）。2011 年 5 月，由陕文投、陕西广电网络、陕西盛唐天下投资发展有限公司共同出资 5000 万元人民币注册成立的陕文投集团控股子公司——西安电视剧版权交易中心有限公司，是陕文投版权交易中心的运营主体，目前，该中心对外的服务平台为中国影视版权交易网。目前该网站主要提供版权登记、备案，著作权登记，影视内容方面的信息、资讯等服务，还推出了融剧宝投资服务。这一产品“以电视制作企业与播出机构之间存在应收购剧款为基础，在双方签订电视剧预先购买合同或电视剧播出合同后，由版权交易中心先向债权人（影视制作企业）支付应收购剧款。在约定期限内，债务人（影视播出机构）向版权交易中心支付全额购剧款。在成功地开展了融剧宝服务后，版权交易中心在约定期限内收回垫付资金，并向债权人（影视制作企业）收取一定比例的交易服务费”。

2. 学术界的相关研究

在这个方面，中国传媒大学广告学院所探索的“内容银行”模式是一个非常典型的案例。所谓内容银行是指“在网络融合背景下，一个基于海量内容建立起来的开放式的内容交易和管理的系统平台，通过建立统一的交易标准，搭建内容存储、支取、增值的机制与平台，以云存储为基础，为每日内容提供存储、展示、搜索、分析、评估、衍生、竞价、交易、管理、投融资等全功能服务，加速内容交易、流通、增值，实现内容安全与高效的管理”。从这个定义来看，大数据不但将被充分运用于新媒体内容产品销售的各个环节当中，并且还会为新媒体机构提供全新的销售方式与销售手段。

在具体的功能设置上，内容银行将在提供海量数据的基础上，实现量化与质化交叉融合的内容评估功能，让交易双方都获得更好的决策参考；同时提供线上与线下相结合的展示交易平台，为交易双方实现智能化在线交易管理与操作；借鉴互联网实践，构建 RTB 技术平台，实现内容交易的实时竞价，促使交易行为公开、透明、即时地开展，并最大限度地保障交易双方的利益。

虽然内容银行只是新媒体机构内容交易发展方向的一个典型代表，但是大数据将深刻地改变新媒体机构的内容交易方式与手段是毋庸置疑的。

第七章　新媒体融合战略与管理

第一节　媒体融合理论

什么是媒体融合，传播学博士宋昭勋的研究概括比较全面，他认为不同传播语境下该词表达6种不同含义：媒体科技融合、媒体所有权合并、媒体战术性联合、媒体组织结构性融合、新闻采访技能融合和新闻叙事形式融合。

自新媒体诞生以来，媒体融合的实践和理论获得快速发展，对媒体融合的现象和未来趋势的研究分别有科技学派、公共管理学派、传播学派、经济学、管理学和社会学派等，他们有的认为融合是因科技汇流与同步变化而产生，使得媒体产业间的界线被突破，媒体提供的内容服务也因此汇流；也有的认为公共政策顺应了潮流改革产生，各媒体产业得以互相并购结合；还有经济学家认为这是经济规律的作用使然：大众媒介从各自独立经营转向多种媒介联合运作，能最大限度地减少人力、资金和设备的投入，降低新闻生产成本；还有的认为媒体融合是新时代下，媒体竞争市场重构的结果；而传播理论中的媒体形态研究者们在继承英尼斯、麦克卢汉、梅罗维茨、利文森等媒介形态研究的代表人物基础上，所形成的“整个地球的时空已经缩小成一个村庄，产生一个人人参与的、新型的、整合的地球村”的观点，为媒体融合提供了哲学的思辨；而尼古拉斯·尼格洛庞帝则认为媒体领域中媒体业和数字技术的汇聚融合将对媒体形态的未来变化具有跨时代的指导意义。

下面我们将归纳媒体融合理论的一些观点，为媒体融合的理论发展做一个文献综述：

1. 融合信息化理论

融合信息化理论认为，融合是信息化的本质特征，融合有两种作用，一种是信息化带动工业化的作用，体现在融合降低交易费用，降低社会的协调成本，从而更有力地促进进一步的分工专业化。在这种情况下，分工是主要的，融合是辅助性的，是为分工服务的。越是融合，越是分工的现象是很正常的，因为即使在信息化高度发达状态中，工业化作为基础，也需要继续发展。就好比工业化完成后，农业仍然继续发展一样。辨别这种情况的最主要证据是看财富创造的方向，是否是以同质化的财富即效用为基础。融合的第二种作用，是信息化本身独有的作用，就是直接创造价值，创造异质性的财富。在这里，融合的作用就不限于降低交易费用，提高协作水平，而是创造价值。在这种情况下，是融合为主，分工专业化为辅。辨别这种情况最主要的依据，是看财富创造的方向，是否是以异质性的财富即价值为基础。这个理论在新媒体经营的实践中不断地应用，即同质化内容的两种经营方式。

2. 媒体发展战略理论

媒体发展战略理论有四个方向：

一是公司扩张的三大战略理论，即横向、纵向和斜向战略，这个理论认为：媒体有两种不同类型的整合方式，第一种整合经济学家和立法者们都很熟悉，可以称为“业内整合”；第二种整合应该称为“跨业整合”，通常也称作多元化整合。

二是知识经济中内容价值收益递增，从而利用知识管理形成竞争优势战略，通过知识管理，使得过去隐含在个人的内隐知识，可透过高容量的内部网络技术在组织内部进行分享，将顾客需求转化为价值传递，比竞争对手更快地学习和创新，成为长期竞争优势的基础来源。

三是我国学者总结国内的四种媒体融合模式：①系列化模式。指同一传媒层次上实现的平面联合，主要利用同一传媒层次上的专业经验、资源和设备，在某一领域形成规模效应。②一体化模式。指在不同传媒层次上实现跨媒体的立体联合，在多种媒体之间实现资源的优化配置。③多元化模式。指传媒集团的资源链接已经超出传媒行业自身，在更大的范围内寻求资源整合。④资本化模式。通过上市、兼并、收购、合资等方式控制数个或多个传媒或实业，形成传媒集团。

四是利用系统学和协同学创新的“灵捷竞争”理论，这个最新理论是把系统元素以一种新的方式组合起来，能够产生意想不到的协同作用，这在旧系统中是不可能的。这个理论揭示了客户化生产与服务的最佳策略，从流程管理、组织再造到服务导向型营销等观念都有了在媒体行业适用的方法。

3. 立体一体化战略理论

在战略管理理论中，一体化战略被视为一种战略方案，它分为三种类型：即前向一体化、后向一体化和水平一体化。前向一体化是指企业获得分销商或零售商的所有权或控制力的战略。如供应商建立网上直销体系实现了前向一体化。后向一体化战略是指企业获得对供应商的所有权或控制力的战略。如果企业当前的供应商不可靠、要价太高或者不能满足需要，那么，后向一体化战略就特别适用。水平一体化战略是指获得对竞争者的所有权和控制力的战略。当今战略管理中最显著的一个趋势就是将水平一体化作为增长战略的实例越来越多。上述观点基本上是传统制造业发展中形成的，在新媒体时代，一体化战略的应用是结合媒体融合理论和实践，实施新媒体的立体一体化，即用数字化平台将供应、生产和消费全部融合在一个媒体组织内。

在所有现存的资料中，不难发现很少针对媒体组织本身内部运作的理论和研究，使现实中如何在实质上对媒体组织内部进行整合仍是一大难题，忽略组织内部整合，使得各媒体部门仍然在同一集团下独立运行、自负盈亏，无法发挥应有的整体效益。

新媒体的立体一体化战略以从新媒体组织内部形成的数字化平台为主体，从而整合各种资源、媒体形态和用户的战略，具体分析如下：

从媒体融合理论上讲，媒体融合是基于媒体工具特性（科学与技术角度）、信息内容产业化组织特性（经济学、管理学角度）和市场服务特性（社会学、人类文化学角度）三方面的理论发展来界定的，这些理论的基本思想不仅现在而且在将来一段时间内都会指导媒体组织的实践。

从信息技术学上讲，新技术革命提供了任何一种媒体形态能在统一的数字（信息化）生产经营平台上转换的能力，能够将传统媒体和新媒体进行一体化融合，将不同媒体形态和媒体要素内部化为企业的一个部门或一个生产阶段，使不同媒体的独立生产融入统一生产的流程之中。正如麻省理工学院著名媒体学者尼古拉斯·尼格洛庞帝所说："所有的传播技术正在遭受联合变形之苦，只有把它们作为单个事物对待时，它们才能得到适当的理解。"所以技术上使一个媒体组织能够同时节约地生产各种媒体（报纸、网站、电视等）产品，已成为世界潮流。

从产业经济学上讲，不同媒体的生产过程至少有一个阶段是在媒体企业内部生产流程中完成，媒体企业内部没有相同生产工艺和相同经营功能的重叠部门，垂直整合市场媒体资源和价值链，所有这些都是产业经济规律的要求，只有这样才能获得竞争优势和保证媒体组织稳定持续的发展。在媒体产业的消费领域，现代化的步伐是将生产方式的差异碾平，把时间和空间压缩，这是所谓的生产一致化；但是消费却并没有形成这种一致性，反而是越来越多样性、个性化，这就形成了消费的差异化。纵观媒体产业，这个现代化的生产、消费逻辑上也毫无二致。比如，一个新闻报道，人们已不满足从报纸上看，还要从电视上、网站上视、听、阅，甚至还要从手机上发给别人。这就要求媒体组织在营销媒体产品时，必须同时满足多种媒体形态所带来的不同享受。因此，这就为现在的媒体组织发展提出了媒体融合的必要性。

4. 融合价值理论

融合是可以创造价值的，那么新媒体融合可以创造哪些价值？

广义的融合，是指分工专业化的反面。包括生产方式意义上的产销融合（如直销），生产力意义上的技术融合、产业融合，以及生产关系意义上的脑力劳动与体力劳动融合等。

融合，在以下几方面创造了独立的价值，这些价值的共同特点都是非同质化的：

一是异质化价值，包括不可通约价值。分工专业化有助于创造同质化效用，而对于异质化价值，却难以把握。融合有助于异质化价值的把握与创造。例如，在手工艺品制造中，熟练创造的价值，就体现在全面发展的人对高度异质化对象的整体把握之中。人的全面发展，也就是人自身从分工向融合的转变。

二是个性化价值，包括定制价值。定制生产本来属于农业生产方式，但在网络生产条件下，将个人定制改造为大规模定制，有可能形成个性化的价值。当前Web2.0发展的一个突出趋势将是网络越来越融合，与此同时商业越来越个性化。

三是精神价值，包括文化价值。精神和文化生产具有特殊性，需要发挥人的主观能动性。专业化分工只是间接地促进精神价值和文化价值的创造，最终要通过人的融会贯通来把握。

四是感性价值，包括审美化、娱乐化价值。分工专业化长于理性，却弱于感性。而产品经济和服务经济之后，高端价值日益向着体验的方向发展，客观上要求向着体验与草根化的方向发展。

五是信息价值，包括不确定性价值、风险价值。信息的融合与共享，有助于创造新的信息价值。俗话说“三个臭皮匠，顶个诸葛亮”，就反映了信息会聚创造新价值的特点。

六是目的性价值，包括成瘾性价值、休闲价值、游戏价值、自我实现价值、高峰体验价值等。

这些价值总结起来，都是快乐（幸福）价值的各个不同侧面。因此我们可以概括地说，融合创造的是快乐、幸福价值。这里的快乐和幸福，就是指福祉。这是财富的本质，也是新媒体融合创造价值的本质。

第二节 新媒体公司的融合方式

在新媒体公司内部的融合，有五层含义：

一是各种媒体的生产经营如报纸、广播、网络等，在组织上实现统一经营和管理，对信息加工不设重叠的机构，节约管理成本。

二是各种媒体形态的生产如报纸、网站、音视频节目、手机和客户终端等实现统一的流程，在策划和设计共同的媒体内容基础上进行分阶段加工，集成在不同的媒体形态中，节约新闻和信息资源。

三是在不同的客户界面（网页或终端等）上实现媒体产品消费、营销、包装和生产的异空间同时性（如对话、在线咨询等），最大限度地满足客户的需求。

四是建立统一高效的工作体系，将诸多经营管理工作统一在一个技术、生产、经营和管理平台上，首先，有全媒体综合业务平台（实现信息的自动搜索、采集、定义、分类、标引、索引、融合类、关联、翻译、缩编等信息生产的集成与应用）；其次，有实现 Web 世代的全部功能，统一市场营销、客户服务和生产消费的互动界面；再次，有新媒体公司内部统一的目标、项目、绩效考核等实时管理的系统，提高工作效率。

五是建立一支全面精通公司核心内容和商务服务的人力资源队伍，形成独特的市场竞争优势。

一、生产体系、客户终端一体化

在传统的媒介产业链形态下，内容生产高度依附于媒介载体，而且产业链为单一的以媒介为核心的封闭式链条结构。一个媒介结构生产出一个媒介内容，媒介内容没有什么交融性，让人们忽视了内容本身所具备的独立性。新媒体背景下，数字化技术的标准化打破了各类媒介内容生产之间的壁垒，内容生产独立出来成为一个产业链的上游集群，通过各种渠道分配到各类终端，打破了“竖条式”的媒介产业链结构，弥合出一个统一、集成的数字内容平台，形成了新的“立体”媒介产业链结构。

传统媒介产业内容的生产—发行—消费模式为单一的线性模式，内容生产系统是专一、孤立的，不同类型的媒介之间难以形成内容共享。而数字技术下的媒介融合所催生出来的内容产业基于数据库的生产模式，打破了原来的竖条状生产形态，形成了由信息采集供应、产品制作包装、营销服务和战略反馈评价等三个层面构成的产业平台。

例如可以借助 Web2.0 的网络技术，以及立体化的网络平台，建立满足多层次网民需求的社区架构，使用户在网上流连忘返，有“家”的感觉；也可以建立网上演播室——用户和媒体主持人面对面沟通，集中新闻热点、市场焦点以视频与在线互动相结合的方式与用户进行交流。

在客户终端理论上，传统媒体经济学建立了“One-Source Multi-Use”模式，在这种方式里内容都是一样的，只是媒介载体不一样。后来，进一步演进，成为了“One Brand Multi-Use”，即在一个品牌背书之下，生产出多种不同的产品形态，例如一部电影，可以开发出同样名称的网络游戏、动漫书、玩具、音乐、娱乐等，即传媒产业链开始与传媒业之外的产业发生了交会。

在媒介融合时代因为其时代内核是消费者多元化的即时即地便捷式需求的不断升级，这就必然导致在应用终端对载体和内容的需求在广度和深度上也不断升级，即内容的表达方式和内容的指代都更加多样，形成一种在空间、时间和含义上的立体化交融，带来积累效果。据此理论，新媒体公司可以设计生产客户终端一体化流程，从而给媒体融合战略带来很好的业绩。

二、技术、内容特性和市场服务一体化

媒体融合战略必须对新媒体技术有足够的认识，才能制定有效的策略。新媒体本质上是一个充分利用信息技术、网络技术、通信技术和人工智能等技术进行信息处理的系统，最终产品也是信息，并且主要的产品形式是无形的数字化流量信息，进行信息的传递和加工是组织运行的基础，所以新媒体管理角色与角色之间是借助于信息处理技术和沟通工具构成的协作链，人们在这个协作链上，能进行信息共享，合作完成共同目标，形成一个有机的整体，从而实现自我调整、自我规划、自我评价和自我管理。

新媒体与传统媒体产品在服务特性上最大的区别是交互性，它使得新媒体的管理明显地不同于传统媒体。管理者首先要清楚用户与内容的交互性程度，新媒体交互性的经营特点要求管理者设置更多的选择方式来组织经营活动，并对各方利益人之间的关系进行多样化的管理。交互性使企业之间相互的生产和销售关系构成了价值链。新媒体公司一方面通过它收集资料和文章，在多种媒体上展示；另一方面又可以销售和管理信息产品和精准广告，形成各种媒体的连锁经营。

三、组织内部、环境互动一体化

各种媒体形态的生产如报纸、网站、音视频节目、手机和客户终端等

实现统一的流程，在策划和设计共同的媒体内容基础上进行分阶段加工，集成在不同的媒体形态中，节约新闻和信息资源。

媒体公司要对过去的计算机技术基础进行重大的改造，对先进的应用软件进行二次开发和推广，新闻、资讯、商务和多种服务的生产经营管理综合平台。

通过这个平台，使新媒体公司真正实现新媒体经营的目标，在这个平台上能够综合实现：一是电子商务，以互联网为基础、以交易双方为主体、以银行电子支付和结算为手段、以客户数据为依托的全新商务模式；二是网络商品交易，由在线和离线商品、金融、内容市场共同构成的电子商务发展的主要在线服务的新型商业模式；三是多种媒体业务融合，由新媒体整个产业链相互衔接形成统一经营平台；四是信息应用环境的系统服务，这种服务基于电子数据（文字、声音和可视画面等）交换和处理各项活动。

第三节　新媒体融合管理

一、传统媒体与新媒体融合

传统媒体在与新媒体融合的过程中，角色发生了转变，原来媒体的播出机构角色由于内容传输渠道的增多而被分化，并且，除了利用原有的传统生产存量之外，还要根据产业链的需要生产新的增量。从以上传统产业形态的演进可以看出，在技术推力和资本拉力之下，传统媒体寻求到了一块融合地带，在这个混沌的融合地带，传统的报纸、杂志、广播、电视与新兴的网络、数字电视、移动电话，通过资本的力量交融一起，传统媒体由此获得了新的生存空间，并寻找到了一个与网络和数字融合的发展方向。

传统媒体首先以数字媒体作为增补的内容输出渠道来应对受众注意力

被分割的困境，这一时期，数字媒体是作为经营的补充而被运用。然而，在与数字新技术交融的内容生产中，传统的内容生产也逐步数字化（当然，报纸、出版还会在一定程度上保留文本形态），伴随媒体融合，原来传统的传播渠道和数字新媒体的传播渠道之间的藩篱被彻底打破，传统意义上的生产、播出一体的媒体组织不复存在，拥有了大规模新媒体内容、渠道的传统媒体和超大型媒体集团组织将逐步成长。即未来传统媒体和大型媒介集团的一个角色就是拥有规模化内容版权的“内容集成商”和拥有丰富市场通道和多媒体终端的“内容供应商”。

内容集成平台除了融合内容从而成为庞大的媒体组织外，还有一个重要的功能就是管理的整合功能，即依靠规模化的资源，一方面可以多层次地进行内容的整合，实现增值；另一方面，由于产业内容生产规模的扩大，以及终端也具有了生产内容的可能性，所以富有创意的个性化将会大大增加，但却是分散、琐碎的，如果能够将这些分散的个性化创作整合起来，那么资源规模将扩大，从而具有商业交换价值。这些新涌现出来的新、异内容形式大力推动着媒介产业的发展。

因此，媒体持续融合的理论在很长一段时间里将指导着媒体融合战略的深入并获得更大的收益。

一是无论通过哪种模式融合，所有融合的媒体要素必须完全企业内部化；二是不同媒体的生产过程必须至少有一个阶段是在企业媒体产品生产的流程中；三是媒体企业内部不能有相同生产工艺和相同经营功能的重叠部门；四是任何一种媒体形态能在统一的数字（信息化）生产经营平台上转换。

随着高新技术深度介入传媒市场，以互联网为代表的新兴媒体高速成长，人们获取信息的渠道日益多元化，传统平面媒体面临着严峻挑战。如报业和网络的关系就存在着成本、影响力、即时性三个不对称的竞争环境，传统平面媒体应当与时俱进，积极探索适应数字化生存与挑战的策略与模式。

在这一不断发展的媒体融合浪潮里，人们将从传播学媒体理论的媒体形态生成原理出发，结合经济学、管理学和计算机、网络科学等理论，分析媒体融合的实际情况，开发融合媒体概念和融合媒体的战略。深入媒体企业调查融合媒体战略的管理过程，将从媒体工具性（科学与技术角度）、信息内容产业化组织性（经济学、管理学角度）和市场服务性（社会学、人类文化学角度）分析各种生产要素的融合反应、相互作用和与媒体环境的互动。在传统媒体的深入变革中实施新的战略，尽快把报社内容集成提供商的所有业务工作依"内容集成提供商的十大功能"即：采集、数据库、编辑、出版、销售、财务、信息网络技术、印务、市场调查分析与人事行政等进行组织再造，重新确立业务规则，为共同目标的工作和相关行为重新进行分工协作安排，融合集形成新的业务单元。运用流程管理、项目管理、绩效评估与薪酬制度来促进改革，对报纸发行和网站注册的客户进行整合管理，统一论证，实现客户数字化管理（CRDM），对媒体内容进行多媒体形式系统化管理，集中策划、采集、加工、发布等功能，运用报纸、网站、手机、音视频等多媒体形态，重组核心经营管理优势，全面打造内容集成供应商的市场竞争力。

二、媒介多元化融合

美国麻省理工学院的媒体实验室创始人尼古拉斯·尼葛洛庞蒂在《媒体实验室：在麻省理工学院创造未来》一书中描绘了"媒介融合"的蓝图。尼葛洛庞蒂用三个圆圈来描述计算机、印刷和广播三者的技术边界，认为三个圆圈的交叉处将成为成长最快、创新最多的领域，并且这三个圆圈呈现出叠加和重合的发展趋势。他认为媒介融合是在计算机技术和网络技术两者融合的基础上用一种终端和网络来传输数字形态的信息，由此带来不同媒体之间的互换性和互联性。尼葛洛庞蒂在网络技术尚未普适化的情况下以预言的方式对媒介融合提出自己的设想，但对媒介融合的内外延并没有进行严格的论证，对媒介融合的层次和多元化没有涉及。

随着技术、社会、经济、政治和文化的相互影响和作用，新媒体融合的突出之处就显示出多元化的态势。20 世纪 90 年代以来，数字化技术、通信技术和计算机技术的迅速发展，使以其为技术支撑的诸多行业之间的边界正在由清晰走向模糊。正是这一重大变化推进了信息、电信、文化、娱乐、传媒、出版、金融、证券等众多行业之间的相互渗透和融合，在全球形成了大规模并购、重组的浪潮，多元化成为大公司的发展战略。与此同时，资源配置、整合方式也发生了结构性变化，许多新的业态应运而生，形成新的经济增长点，并直接改变了传统的电脑、电信和媒体的产业结构。信息产业的“三巨头”——电脑、电信和以电视为主的媒介行业不断地相互渗透和融合，与此同时，中国现在的媒介产业异地扩张规模开始增大，随着信息产业的技术融合和体制改革的深入，媒介融合已逐步纳入到更广阔的产业背景中进行，信息产业并购和信息产业的战略联盟使媒介产业融合形式更加多样化，媒介产业集团、信息产业集团等将给媒介行业的运营带来全新的局面，在这种多元化的产业融合中，电信业、计算机业、大众传媒业的技术性壁垒被打破，政策性壁垒得到不同程度的放宽。

西方发达国家的媒体多元化融合长期以来都在不断地发展，主要有如下特点：

1. 多元理论融合

1994 年，《纽约财报》报道美国在线与《圣荷水星报》联合推出《水星中心新闻》的电子服务时，使用了“一次传媒聚合”的标题。同年，美国哈佛大学商学院举办了世界上第一次关于产业融合的学术论坛，即“冲突的世界：计算机、电信以及消费电子学”。参加者除了来自学术界以外，还包括康柏、英特尔等著名计算机整机或芯片生产公司以及软件、消费电子产品和信息服务等相关行业的人员。这标志着媒介融合已经成为世界范围内的一个具有影响力的话题。

2. 媒体统一立法管理

从1987年开始，欧盟的电信管理就一直在进行欧洲一体化的进程，1987年的《关于电信服务和设备共同市场发展绿皮书》、1990年的《开放式网络提供指令》到1993年的《马斯特里赫特条约》，欧盟为建设泛欧电信网络，促进欧盟各国的电信、网络和媒体发展制定了相关法令。1997年，欧洲委员会推出的绿皮书认为，产业融合是指"产业联盟与合并、技术网络平台和市场等三个角度的重合，并把媒介产业融合视为新条件下促进就业与增长的一个强有力的发动机，这无疑将媒介产业融合扩展至整个信息市场，乃至催化今后世界经济的融合。美国也不例外，1996年，美国联邦政府制定了《1996年电信法》。该法案将电信和媒体统一立法管理，引发出一场电信、电子、媒体和文化企业的交叉兼并和产业重组。

3. 多个产业整合形成新媒体产业

在世界各国，电信、广播等媒体信息服务不断走向融合，从专用平台到非专用平台的转换，从低带宽要求到高带宽要求的转换，数字技术允许传统的和新的通讯服务（无论是声音、数据或图片）通过许多不同的网络共同传送的现象，基本上反映了媒介产业融合的方向。

2007年，美国新闻集团和道琼斯公司签订合并协议，加拿大汤姆逊集团收购英国路透集团，打造全球最大的财经信息集团。从此，网上金融信息大行其道。

日本学者植草益在对信息通讯业的产业融合进行研究以后，从动因的角度，把媒介产业融合定义为通过技术革新和放宽限制来降低行业间壁垒、加强各行业企业间的竞争合作关系，并认为媒介产业融合不仅出现在信息通讯业，而且，金融业、能源业、运输业的产业融合也在加速进行之中。由于产业融合，企业间以及企业内部的组织形式发生相应变化，企业并购、流程重组、战略联盟和虚拟企业等逐渐成为现代企业组织形式的主流。正如他所预测的那样，近年来媒介融合并不仅仅限于这4个产业领域，制造业、产业融合也得到进一步发展，产业革命的浪潮在媒介融合推动下，一浪高过一浪。

4. 多种技术融合

托马斯·鲍德温、史蒂文·麦克沃依、查尔斯·斯坦菲尔德等三位学者在其合著《大汇流——整合媒介信息与传播》中提出：以前电信业、有线电视业、广播业和计算机业各自为政，现在在宽带技术和政策的指引下汇流到一起，产生了“整合宽带系统”。因此，媒介融合有了更好的技术支持，并将在更宽泛的领域内进行。

5. 多元市场整合

《澳大利亚产业融合评论》曾经指出，融合就是因数字化驱动的服务部门结构调整，这个调整的实质是两种服务传递的结构模式的转换，传统模式是由模拟和物理技术所主宰、以大规模生产为特色、以国内市场为重点、以水平和垂直联结为整体结构；新的服务传递模式使用数字编程网络，以促进实现以客户需求为中心、对国际市场关注、在用户看到的服务和潜在的传送平台之间的垂直分布。

三、社会融合的媒介化

1997年，欧盟对媒介融合的发展趋势进行了大胆预设，提出“电信业、广播电视业和出版业三大产业的融合不仅是一个技术性问题，更是涉及服务以及商业模式乃至整个社会运作的一种新方式”。

媒介融合是在数字技术、网络技术和网络存储技术等传媒技术产生的基础上，以受众需求变化为导向，从整体上打破传统传媒业的边缘，彰显个性媒体的独特传播优势，实现立体式传播效果的演变过程，其终极目标是实现社会的媒介化。作为信息社会形成初期的热点问题，媒介融合的提出标志着传媒业从物质和精神两个层面上面临一次前所未有的变革，一方面促使传媒业的内涵和外延重新界定，另一方面也再一次提升了传媒业的社会地位和社会影响力。

从科学技术的融合创新中可以发现：如果说四大科学技术融合的基础是纳米水平上的材料统一和整合，那么，文化产业综合发展的基础就是人以及人的社会需求。以人为最小的核心单元，以人群为中心的行为模式和以社会为中心的文化形态，构成了我们讨论的文化产业的全部内容。

按国家统计局对文化产业的最新界定，我国文化产业包含新闻报业、出版版权、广播影视、演出娱乐、网络文化、旅游休闲、广告会展等领域。从表象上看，文化产业是创意和内容，是产业和经济；而实际上文化产业反映的是人类的生存环境、交往方式和社会结构。报纸和电视提供的信息和新闻是人们行动的依据；各种表演和艺术作品是人们流露情感和表达思想的方式；娱乐是调节，传媒是沟通；当代文化产业充分体现了人与社会相互依存的复杂关系。

融合将更加注重资本的纽带作用。应当看到，近年来中国媒介产业发展过程中，资本运作形式逐渐趋于多元化，资本融合渠道在慢慢变宽。媒介产业的部分领域已经允许民营资本和国外资本进入。媒介可以通过“借壳上市”“买壳上市”来融资，也可以通过媒介和其他产业的企业合资的方式经营文化产业，还可以通过银行信贷和媒介企业债券的方式来运作资本，解决媒介发展资金短缺的问题。面对中国媒介市场巨大的利润空间以及世贸入世后中国媒介市场提供的巨大机遇，许多境外资本已经蠢蠢欲动。相信未来媒介产业发展中，资本融合的力度会更大，融合的方式会更多，对今后传媒业发展的影响也会与日俱增。

媒介融合更加注重人性化服务理念。媒介融合对于广大受众来说，有一个很大的实惠，就是可以使所有的商业尽可能为消费者在信息消费中提供一站式服务。这是媒介融合的动机之一，同时也是今后媒介融合的发展趋势之一。以管理为例：管理层面有引导、控制和服务三项基本功能。目前，我国实行的是党和政府共同管理社会上媒体组织的模式。中宣部、广电总局、国家新闻出版署都有与媒介产业相关的管理部门。但作为全国的行业管理机构，每个相关部委的业务处室忙于应对繁杂的日常工作，在产业发展的综合协调方面，常常需要其他社会力量给予协助，今后将各种学会、协会等社会民间管理机构与政府部门进行融合，减少政府管理的范围。

总之，新媒体所带来的媒体领域的融合，无论从理论上还是对实际的媒体发展，都具有划时代的意义，以下几点对管理的创新也是贡献良多：

（1）新媒体具有跨国界、无时空、低成本、易存取的特性，任何人无论在什么地方，只要连接上网络，就可以立即取得最新最快的信息，而且具有同步、非同时空的效果。

（2）新媒体突破了产业间的界限，媒体提供的内容服务也因此汇流，媒体领域中媒体业和数字技术的汇流融合，必然导致多媒体传播新形式在生产和消费终端上的一体化，对媒体形态的未来变化具有跨时代的指导意义。

（3）媒体科技融合、媒体所有权合并、媒体战术性联合、媒体组织结构性融合、新闻采访技能融合和新闻叙事形式融合，媒体形态的融合，透过高容量的内部网络技术在组织内部进行分享，将顾客需求转化为价值传递，比竞争对手更快地学习和创新，成为长期竞争优势的基础来源，新媒体的立体一体化，即用数字化平台从供应、生产到消费全部融合在一个媒体组织内，其效率显著提高。

生产体系、客户终端一体化，再造媒体的核心业务流程，在组织内部按照高效、有序、节约的原则，建设以编辑加工为中心的生产体系，在不同的客户界面（报纸、网页、手机或互联网终端等）上实现媒体产品生产和消费的异空同时性（如对话、在线咨询等），最大限度地满足客户的需求。打破了原来的竖条状生产形态，形成了由信息采集供应、产品制作包装、营销服务和反馈评价等三个层面构成的产业平台。这一实践产生了媒体融合之后必然形成立体的生产模式和分散的消费模式的理论探索。

技术、内容特性和市场服务一体化，在媒介融合时代因为其时代内核是消费者多元化的即时即地便捷式需求的不断升级，这就必然导致在应用终端对载体和内容的需求在广度和深度上也不断升级，即内容的表达方式和内容的指代都更加多样，形成一种在空间、时间和含义上的立体化交融，带来积累效果，这就要求人们不断研究技术与经营、内容与管理的综合理论。

组织内部、环境互动与一体化，建立资讯、商务、金融交易的生产经营服务综合平台，以互联网为基础、以商品交易双方为主体、以银行电子支付和结算为手段、以客户数据为依托的全新商务模式，从这个融合战略中，不难发现媒体融合将产生全新的媒体平台，形成人类共同生活的电子生态前景。

因此，媒体融合的发展就有了动力和目标。首先，建立媒体的统一平台，将电脑、数字电视和移动终端统一成一个公共网站，开放所有的平台技术，让生产者和消费者统一为用户，发挥受众生产能力，充分双向互动，对每个项目进行通力协作，形成巨大的生产和消费的融合能力；其次，建立统一的数字化全媒体设计、制作、发行的后台，将报纸、杂志、广播、电视、手机等所有媒体按照非线性的管理流程重新组织，在组织内部建立对等的规则，开放所有的业务特别是媒体产品的策划和管理系统，让所有的人力资源参与每项业务的创新活动，形成协同工作方式，将组织所有的资源充分融合；最后，媒体整合，需要实行无结构组织和水平式的战略经营单位，无论是否公司化，都要对创意、资本和人才开放，对组织内外的资源进行对等的配置，将组织打造成产业链上的全部价值互动经营过程，使所有工作在永恒的时间里实现空间流动，每个战略目标团队成为协同工作的节点，放大自己的业绩，使媒体融合到社会网络中，为用户实现媒体服务随时随地想要就有的理想境界。

第八章　新媒体经营战略与生命周期管理

第一节　新媒体技术形态

一、新媒体技术形态

根据约翰·帕夫利克的总结，新媒体技术形态以数字、计算机为基础的技术，以及它们正在改变的几种信息流动方式为框架，分为如下四类：

（1）采集、处理和制作的技术，主要集中在两个领域：一是信息处理器，主要是指计算机和相关技术；二是用于收集和制作内容的设备，比如数字摄影、数字水印、全方位摄像机、遥感和语音设备等。

（2）传输技术主要包括 4 种类型：①空中播送，包括广播电视、卫星和无线通信以及其他使用电磁频谱的技术；②全交换电子通信网络，包括双绞线、光缆、先进智能网络、综合业务服务网等；③使用单向头尾系统或文件服务器的同轴电缆和光纤有线网络等；④电力线。

（3）存储技术，主要基于电磁学和光学，包括电磁格式的随机存储器和只读存储器，以及不断提高的光盘存储介质等。

（4）接收和显示技术通常是合成在一起的，是以计算机技术为基础，具有有线和无线通信接收能力，包括多种设备，如个人数字装置、手机、

PDA、平板显示器、高清晰电视以及交互电视等。

二、构建 Web 服务的核心技术

XML（可扩展标记语言）。XML 解决数据独立性的问题。使用它来描述数据，也可把那个数据映射到任何应用程序或编程语言之中和之外。

WSDL（Web 服务描述语言）。使用此基于 XML 的语言来创建底层应用程序的描述。它是这个有关通过充当底层应用程序和其他支持 Web 的应用程序之间的接口，使应用程序变成 Web 服务的描述。

SOAP（简单对象访问协议）。SOAP 是用于 Web 的核心通信协议，且大多数 Web 服务使用此协议相互谈话。

第二节　新媒体经营战略

新媒体首先是技术变革，然后在技术发展的基础上，与经济、政治、文化和社会发生相互作用，形成不同的经营和使用战略。下面将结合国际上最新研究和新媒体产业实践，分析并介绍几种经营战略。

一、统一平台战略

新媒体公司要捕捉消费者并保持高度关注，至关重要的是要满足消费者多感官的需求，传统媒体的受众长期被分裂的媒体所限制，在多个平台上跳转。而新媒体可以从一个融合的全媒体平台上同时获得多媒体的享受，现在的用户网站就涵盖了文字、声音、图像、视频、动画等多媒体。平台战略就是一方面要建立一个统一的平台，整合多媒体的生产、经营、管理

活动。另一方面，建立必要的交互功能，要让受众和传者在平台上互动，才能满足媒体成为提供新闻和信息发展的手段。因此，新媒体机构需要思考平台策略，不仅确定新的方法来捕捉市场机会，还要通过利用跨平台的功能去整合其他媒体或社会上的内容，使媒体生产效率提高。

从新闻和信息资产的个性和特殊性出发，新媒体必须制定有效的途径来满足每个媒体展示的分散需要。有不同的和独特的产品，新媒体公司才能提供给每一个消费者。人们在建设新媒体组织的时候，有做电视的，有做互联网的，有做手机媒体的。现在已经到了创建了一个统一组织的时期，因为有这些完全不同的组织并不代表就有了统一平台，真正的统一平台必须是一个全媒体自动生产经营管理的系统。

这个系统能够了解消费者未被满足的需求，能够了解自己产品的长处和短处，并确定如何利用其跨平台的内容盈利。简单地讲，新媒体的变化将带来消费者多平台的消费。而在新媒体生产者内部，必须形成统一平台的生产生成系统，把各种媒体平台的内容进行整合，形成新媒体公司的创新产品和服务。

对于新媒体组织，以保持作为一个平台的战略家眼光，它需要不断地扫描新技术的出现，并发现可能是有益的或潜在的合作伙伴，在新媒体产业链上建立专业知识，从而能够清楚地看到并抓住机遇，实现开放、对等、互动、协同和融合的新媒体效应，成为新平台的创造者。

二、整合营销战略

当今世界，信息已经是作为商品出售并带来利润的核心资源，因此，新媒体主要是经营信息产品，新媒体组织就必须明确界定自己的核心优势，努力开发深度消费者参与，这就要求他们区分不同的内容和不同观点，实现营销价值。在众多媒体都在琢磨如何跟上技术步伐的同时，更多问题必须纳入战略思考。比如什么是你的身份？什么是你的品牌？全球企业解决方案是什么？所有这些经营管理问题在新媒体时代都要考虑与传统产业有什么不同，传统产业消费者不参与生产；而新媒体时代消费者是自己人，是参与方。所以公司必须在开放的环境中生产，还要让用户参与生产。也就是说，他们需要确定自己的品牌，并致力于发展消费者来参与新媒体活动。一旦组织确定这些独有的价值后，公司才可以定义提供给读者和观众的利益。新媒体组织才能创造强大的受众，才能生存下来。

对于新媒体，点评可能会导致新的内容和另一种方式来区分他们的媒体品牌，这是新媒体整合营销战略中最新颖、奇特和有效的方法。虽然评论功能正成为一个普遍的对话形式，但是新媒体组织在匹配用户和营销人员之间的互动关系时，点评不仅提高了网页的个性，而且更重要的是提高了潜在客户的网站转化率。这样新媒体组织才能不断通过“点评”在市场上占有一席之地，明确销售什么内容和商品。

三、社区建设战略

新媒体组织可以依靠聚集的社区维持受众。为此，需要学习对目标的内容和意见相同的消费者建设小规模独特市场，形成驱动接触和合作。“我们怎么能聚合社区的强烈兴趣?”这是每个新媒体公司都要面对的问题。对于未来的技术，新媒体对潜在的焦点形成是社区。因此新媒体公司必须有专家进行社区建设，并设法连接相关利益者，这样新的价值才能形成。随着信息技术能力的增加，个人和团体之间的交流，就有机会帮助形成商业对话，使消费者能够链接到更广的范围。当然新媒体组织无法控制人们的谈话内容，但他们可以通过提供实质性的服务并聚合社区，如人人网、开心网等。

在新媒体领域，通过利用社区的平台技术，横跨周围建立共同的利益，利用交叉平台创建社区是重要的战略。凡有新媒体经营，都应该建设多个社区。

四、数据挖掘技术战略

由于新的技术能够开采大量的信息，数据挖掘、分析能够提供生产行为和消费者行为的洞察力，新媒体组织要建立探测系统与展示平台技术一体化，利用语义或智能技术管理自己的数据库并从档案中提取更有价值的数据，形成有特色的产品，这是一种重要的新媒体战略。

细分的新媒体公司可能用一种或多种方式拥有各地的观众，并拥有他们共同的利益，从而保持市场领先地位。这些技术趋势将带着大量信息和数据分析，使人们了解有关的行动和消费者行为。因此，新媒体组织能够研究购买行为模式以及预测个人喜好，然后采取行动。由于这些技术的能力是有关团体和个人的信息汇总，所以问题就变成：如何使新媒体组织使用这些数据来开发新的、更好的产品和服务，满足消费者的需求，并创造新的收入来源？同时还有机会通过分析消费态度和消费行为模式去了解用户的深度消费，然后提供一些新媒体组织的相关内容，这些都是数据挖掘战略的重要之处。

五、用户内容制作战略

新媒体组织能在竞争中获胜的能力有如下三种：一是不仅提供新闻等信息，而且能提供丰富的背景、创建互动性和可视化的信息和设计。例如我们生活在一个越来越需要使用视觉交流的社会，数字技术给人们提供更广泛的数字化视觉表达工具的使用，如讲故事，不只是文字、照片和视频，还要让它们三个进行互动。将来要发展文字、照片、视频相互转化的技术，以形成多媒体文字的新产品。二是创造主动性，如设立一个在线协作视频制作平台，让人们能够共同努力，“混合”到一个新的多媒体内容显示。当用户创建新的视频混合后，他们可以分享朋友的故事。三是让数字媒体自动讲故事，通过数字智能代理和语义网智能化生成许多素材，自动编排故事。

第三节 新媒体生命周期管理

美国人伊查克·爱迪斯曾用20多年的时间研究企业如何发展、老化和衰亡，为此他写了《企业生命周期》这本书。书中把企业生命周期分为十个阶段，即：孕育期、婴儿期、学步期、青春期、壮年期、稳定期、贵族期、官僚化早期、官僚期、死亡。爱迪斯准确生动地概括了企业生命不同阶段的特征，并提出了相应的对策，为人们揭示了企业生命周期的基本规律，揭示了企业生存过程中基本发展与制约的关系。从此开创了经营管理的生命周期分析理论。企业生命周期的理论和方法，把企业看成一个有机体，而不仅仅是一个组织，从把握全程到注重阶段提出动态管理的思想，对于思考企业的管理，提供了一个新的视角。人们后来将此分析推广到产业分析、产品分析、品牌分析等具有周期性的长期经济活动和组织的成长。在其他分析讨论中，许多学者根据不同的行业选择一些时期合并，通常分为四个或六个阶段，但是总的分期是出生、成长、中老年、退化四个典型的生命周期。

所谓第二曲线，是指企业在其生命周期的某个期间通过变革和重建跳入新的生命周期。目的是使企业更强大更旺盛，生命更长久。但能否完成，在哪个期间开始，如何跃入第二曲线？这都至关重要。杨·莫里森曾辩证地说：“如果你过早跃入第二曲线，你就可能失去一大笔钱；如果你在第一曲线里停留时间过长，你就有可能永远失去进入第二曲线的机会，重要的是你在关键时候敏捷地一跃。”

至于何时跃入第二曲线，采用什么方式跃入第二曲线，理论和实践都在争论不休，一般的观点是，最早在成长期，最迟在成熟期，更早不行，再迟也不行。

通过分析新媒体的发展过程，特别强调其对传统媒体而言，新媒体影响其生存，然后新媒体和传统媒体是一个历史发展的概念，从新、旧替代和融合的历史中不难发现媒体的生命周期。我们采用管理学中经典的六阶段周期理论模型，包括出生、渗透、成长、成熟、适应融合和过时衰退六个阶段。运用这一模型分析新媒体，使我们能够更好地了解其未来的演变和新媒体生存发展机会。

新媒体生命周期的发展模式，适用于以互联网为基础的新媒体流程和以往的媒体管理理论中的元素，分别强调受众、媒体类型、媒体领导、历史发展、融合进程，等等。当今世界需要一个对动态媒体研究方法，对新媒体演变——融合旧媒体——全面发展过程的解析，从而认识媒体生存发展的规律，也为微观媒体组织发展新媒体事业提供历史借鉴。

1. 出生（技术、产品和管理创新）

在新媒体诞生和早期生长阶段，无论在技术上和市场营销上，新媒体都是一种创新，与原来的媒体相比毫无优势。新媒体技术创新的时间有时非常漫长，无线电发展用了约 25 年才成为电台，互联网大致用了相同的时间，才得到普遍应用。

对于大多数大众传播媒体适用的基础设施（如电报、电话、互联网），必须产生新型使用设备和附件才能使用，这就造成了新媒体“出生”的技术、产品和管理上的艰难，加之社会建构主义理论的因素抑制，生产过程又受到旧媒体和旧体制的攻击，如政治干预，市场资本短缺和经济上没有利润等恶劣的经济或政治环境，公司在其管理上有时缺乏自信。但是，到了20世纪中期，资本过剩和经济全球化，为新媒体的出生提供了孕育的基础，大量的新媒体公司如雨后春笋，迅速生长，Web1.0网站的普及是这一阶段的重要特征。

2. 成长

首先，一个新的大众传播媒体通常很难找到它的“自然的声音”，即它与之前媒体相比的独特性。对内容供应商来说，兼容前期的样式和格式就非常重要。例如，最早的电视节目中最受欢迎的广播节目由一个播音员坐在主持台上播报各方面的新闻，除了主持人，没有其他画面，实际上是拍摄了广播室，没有多大变化。但它就是电视的开始，而现在背景墙、前景的景观、穿插的现场无一不是电视。早期新媒体生产者无法摆脱以往的媒体模式，即使他们发明或采用了一种新的技术范式。因为明显的经济效益在现成的内容而不是新的形式和材料，通常情况下，开始阶段一般公众是无法看到新媒体内容的。各种演员要明白新媒体，把它变成更多的东西，都要给自己一个成长阶段，到了发明人开始失去控制，使年轻媒体与其他元素相结合，形成其传播性质。当然，媒体专业人员（包括技术和编辑人员）可能一直在做这个已经超越渗透阶段的工作，但是现在广大公众成为客户前都很难定夺：举例来说，市民使用录像机录制电视节目大量少于购买或租赁电影，最近，手机短消息服务已经超过话音服务。因此，内容和试验在某一点上会加快经济增长。然而，任何一种媒体的普及，适当的指标应该是有50%的用户或家庭（取决于平均人数在每一个家庭），而不是购买者（如许多媒体可以消费不购买，如公共场所的电台）。

那么是什么原因能让一个新的媒体快速增长？这是人们普遍关心的问题。

研究表明有下列因素：①文化性即开放的新颖性；②成本大幅下降、效益稳定上升；③成为公用事业；④用户友好的人机界面；⑤一个国家的技术基础设施（人力和物力），以上都是至关重要的因素。此外，平台的参与功能和跨媒体互动，也是很重要的因素，因为每个消费者等待他人购买直到临界质量和使用数量的实现时是延缓扩散的，一旦临界突破，成长加速。

新媒体不必执行完整的新服务或提供一种完全不同的功能，它只要有部分改善就可能成功。如它可提供传统的通信功能，但更为高效、廉价，或更大的易用性，就会获得成长。但是，通常逐步地改善如果不足以吸引大多数人改变传统媒体的习惯，例如：在非常缓慢的市场渗透的电子图书在最近几年，始终发展缓慢。

3. 成熟

传统媒体可能会认识到，早期的新媒体介绍了潜在的威胁和应对业绩缩小的差距，媒体的传统产品和有限的新媒体的“优质”服务。因此，新媒体的开始较大的优势而不会持续很长时间，如果传统媒体迅速做出反应将严重阻碍新媒体成长的步伐。

4. 适应、融合或过时

这一阶段的萌芽实际上是从第二阶段就要开始未雨绸缪。

适应：从适应上讲，有如下一些策略可尝试：

（1）也许最重要的策略是寻找新的观众，或更加注重媒体的传统观众。例如，即时性的无线电广播在汽车交通发达时，找到了新的时机，广大司机职业特征使之重新产生更多的时间，汽车的普及让无线电广播焕发了新的青春。网络电视新闻，抓住普遍的受众，以添加更多的即时发生的事件、色彩和视觉效果，以及提供更多的新闻评论和电视新闻背景（即功能性分化或补充），通过适应网络新闻提供个性化、动画、视频、音频、互动性为更多的受众服务，现在网络中直接播放电视节目得到了很大的发展。

（2）涉及技术升级和多功能性。许多传统媒体的技术潜力能做更多的事，但没有严重的竞争威胁，尤其是如果他们有垄断力量，他们不会改变。如电话几乎一个世纪没有变化，但在放松管制，特别是在过去 20 年中就开始进行过规模改造，一方面增加带宽，另一方面成为移动无线供应商，然后添加文本和视频的各种增值服务。如中国电信、中国移动等。

（3）在经济上传统媒体，尤其是如果财务健全的，有豪华的购买或想跳跃到新媒体潮流，并把几个鸡蛋放在新媒体的篮子里，例如，NBC 加入电视、电台控股以及最近在 TiVO 的投资，中国电信进入 IPTV 等。当然，这并不保证中老年人一定能生存和发展，但它能够利用新媒体增加收入，从而"补贴"适应变化的中老年人，使传统媒体组织和新媒体共存。

过时：是一个相对的概念，如果变革及时，"过时"也可以成为竞争策略。例如，20 世纪 90 年代后期，人们认为电话会被吞并到互联网（或者更准确地说是计算机），但今天，互联网冲浪却转移到了移动电话。同样，在提供其传统的观众平行介质（如电子报纸，互联网冲浪），转换后能迅速达到成熟阶段（第三阶段），纯互联网公司又有被移动互联网打压的危险。

融合：在极端情况下，融合也意味着内部吸收（媒体合并或转型），有时会失去它的身份，如报社改为网站。从某种意义上说，这是过时的技术部分，如消失的通信服务。再例如从打字机到现在的计算机键盘，数字杂志也在吸收和替代纸质杂志。

老化：许多成功的媒体在一段时间内消失了，甚至是现代的媒体，如电报、打字机、留声机。更早些时候如纸草、鼓、火炬、信。它们在技术上和功能上过窄，模拟性不能与其他媒体更好地沟通。然而，现代媒体几乎所有的电子特别是数字媒体拥有自己的技术升级的能力和扩展功能的能力。他们的数字语言也能与其他媒体具有共同性，从而开辟融合的可能性。

第九章　新媒体营销管理

第一节　新媒体营销本质

一、新媒体营销表现

2008年12月，在各大城市的地铁、公交车厢内都能看“美宝莲”的视频广告——MabeI约会视频，视频内容根据Mabel的约会对象特质和美宝莲的睫毛膏色彩种类分为“黑色摇滚篇”“蓝色商务篇”“绿色书卷篇”“棕色运动篇”，广告中不忘通过“约会突发状况情境”来传达产品的“防水”特性。

和以往所见电视广告片不同，这是一则互动广告。一方面，具备任何可以进行“互动营销”的品牌特质：高品质的产品，具有竞争力的功能、质量、价格、完善的渠道、服务等。另一方面，具有优秀的广告规划和策划，重视创意和品牌的结合。

视频广告后简短一条讯息就将“接受”过渡为“交互”，并巧妙地将“终端”转移至“网络”和“手机”，通过POCO网这一以图片兴趣聚合的“同好”社区平台实现了从传统的“视频单向广播”到一种互动的传播方式。

在POCO网的投票互动平台上，除了可以替Mabel投票选择男友外，还能欣赏“化妆视频”，体验“恋爱测试”。选择POCO网这一Web2.0网站投放，除了看重POCO网用户基数大、流量高，用户层年轻时尚的特性，更是为了避开门户、娱乐、视频网站用户分散，人群广泛，互动度相对低的不足。而这一种基于体验的社区互动，与美宝莲整体市场策略和公关计划相结合，与POCO网的受众利益和兴趣点相结合，多种新媒体整合的沟通方式连续性地与用户进行互动，教育并引导用户产生购买行动，同时对品牌、产品及服务产生有效认知。

从上述“美宝莲”品牌传播活动对于多种新媒体形式的运用中我们不难发现：当产品的传播策略已经不是通过简单的购买版面，投放硬广告来达到传播效果的时候。如何花最少的钱，去运用和整合尽量多的资源，并且通过多种传播方式影响受众，达到传播效果的最大化和最佳化才是品牌选择媒体的最重要依据。新媒体营销的出现和大规模的应用，适时地满足了新的营销形势下产品传播的需求。伴随着新媒体大家庭越来越丰富，终端也越来越多，交互性越来越多，怎样运用新媒体为产品营销、品牌传播服务?

二、新媒体营销本质

新媒体营销的本质是什么?我们研究的结论是三位一体的品牌管理，新媒体的整个营销活动、营销过程和营销的效果能实现品牌管理的目的。品牌管理涉及三大方面，也由三大理论直接进行研究。一是公共关系学；二是传播学；三是营销学。公共关系主要解决相关利益之间的信任问题；传播学主要解决市场要素和参与者之间的认知问题；营销学主要解决客户销售绩效问题。三位一体才能最终解决客户持续购买的忠诚度问题，实现优质品牌的目标。

三、新媒体营销多重含义

企业营销传播的目的，是在不同的传播环境中，利用传播手段，解决企业在特定市场阶段所遭遇到的问题。传播环境和市场环境的变化，必然导致营销传播模式的变化。在大众传播和大众市场阶段，广告是企业所能使用的最好的营销传播手段，而以广告为主辅助公关等其他手段成为企业的基本营销传播模式。“随着数字通信和网络技术的普及和发展，传媒形态、传播规律正发生着巨大的变化。”特别是当下，随着信息技术的不断发展，新媒体的队伍更加多样化、多元化。目前很多企业进行营销传播，已经摆脱了过去传统的狭隘的单一广告模式，而是通过各种新媒体传播方式组合，将信息扩散，并促使产生尽可能好的传播效果。

那么什么是新媒体营销？新媒体营销其主要依赖的传播平台或者称传播介质自然是有别于传统媒体的新媒体，比如手机媒体、IPTV、移动电视、网络媒体、移动信息平台等。如何界定新媒体？所谓的新和旧都是相对的概念，对于报刊来说，广播是新媒体，对于广播来说，电视是新媒体；对于报刊、广播、电视来说，网络又是新媒体，而原来的所谓新媒体广播和电视又成为旧媒体、成为传统媒体。但是最主要的区分、辨识新媒体的标准还是从其技术特性和传播特性来看，归纳下来，数字化、融合性、互动性、多元性等几个特点可以作为本章界定新媒体的几个标准。

本章所指的新媒体是基于数字化的双向互动的多媒体信息传播平台。它涵盖了以网络媒体为代表的一系列数字媒体，包括互联网、手机媒体、网络电视、移动数字电视等。

陈刚给新媒体营销的定义是新媒体时代的营销传播，是以数字技术为基础的企业传播管理。肖军认为新媒体营销就是善于利用新的媒体平台，创新性地表达广告主最想表达的核心信息。又有很多学者从新媒体营销依附的技术将新媒体营销视为“数字营销”或“数字化营销”。黄月英认为所谓数字化营销，就是使用数字化技术手段来进行沟通、销售和支付等营销活动。它是基于数字化技术的发展，借助于互联网络、电脑通信技术和数字交互式媒体来实现营销目标的一种营销方式。傅书勇认为，所谓数字化营销是指以计算机信息网络技术为基础，通过现代电子手段和通信网络技术，有效地调动企业资源进行营销活动的过程，以实现企业产品和服务的价值过程。数字化营销的实质是通过计算机网络信息传输的市场营销，它着眼于物流、资金流和信息流的有效协调和统一，从而达到顾客满意和企业盈利的目的。数字化营销本质是营销，数字化只是一种手段，是现代营销理论在新的经济形势下的发展。

新媒体营销与数字营销所界定的对象还是不一样的，两者所站的角度不同。新媒体营销是从营销所呈现的媒体形式角度来界定的，而数字营销或数字化营销则是从营销本身依赖的技术来谈，但是两者还是具有千丝万缕的联系。依据新媒体营销的媒介形式和实质，给新媒体营销这样的定义：以新媒体为传播手段，通过对市场的循环营销传播，达到满足消费者需求和商家诉求的过程。

第二节　新媒体营销与传统营销

一、市场和营销理念的变化

1. 时空观念重组

目前我们的社会正处于从传统工业化社会到信息化社会的过渡期。在这个过渡期内我们要受到两种不同时空观念的影响。我们赖以生活和工作的基础是建立在工业化社会顺序的、精确的物理时空观。而反映我们生活和工作基础的信息需求又是建立在后信息化（即网络化）社会可变性，没有物理距离的时空观上，就是人们常说的电子或数字时空观。这两种同时发生在我们身边的两种不同时空观，不可避免地会引起我们工作和生活中许多方面的不理解、不协调甚至是冲突和矛盾。但是生活在现代社会的人必须学会去了解和适应它，重组时空观念，才能在未来的商业竞争中处于不败之地。

时空观念的重组对于营销策略的制定和商业竞争是十分重要的。比如，利用网络营销会大大突破原商品的销售范围和消费者群体、地理位置和交通半径；产品（商品）订货会没有了地点和统一时间的概念，取而代之的是一个网址和客户希望的任何时间；群体集会变成了个体根据自己需要来访问和处理；消费者了解商品信息的途径，由完全的被动接受为主，演变为主动在网络上搜寻信息和被动地从传媒接受信息并重，降低销售渠道费用，产品信息交换可以跨越时间和空间限制，能以低廉费用实现任何地点任何时间的一对一交流；借助互联网进行直销，一方面可以将各个行业的市场拓展到全球，另一方面借助互联网用户可以自由访问品牌官网，查询产品信息和其他客户的体验、评价，并直接进行订购；企业借助自动的网上订货系统，可以自如组织生产和配送产品，利用互联网可以实行 7/24（每周 7 天，每天 24 小时）营销模式，提高销售效率。

2. 市场方向变化：分众化时代来临

生产和科技的飞速发展，大众文化差异性的普遍化、深层化；社会结构层化与裂变的进一步加深；企业竞争的激烈化、媒体过剩、信息膨胀、受众层级化；平等独立的“自由个人主义”价值取向的流行，受众文化品位“与时俱进”的提高，“知识工作者”数量日益增长等社会变革，促成了人类“分众时代”的到来。

分众是相对于大众来说的，是大众内部出现了具有深层化、普遍化特征的差异性，这种差异性又以特征化、稳定化特征的团体、群组的结合为依据，是大众分化为一个个的“小众”，是一个动态的概念。

分众时代，全国上下都穿“中山装”“军装绿”的全民性的消费风潮已不复存在，取而代之的是，“我的潮流我做主”“我有我的一套”“我就是我”的各行其是、各有各味、纷繁多姿的消费市场。“生活定制化”是消费个性化的极致。结婚可以定制婚纱，买房可以定制设计，旅游可以定制线路。彩铃不但可以定制，更可以自己创作，DIY 使定制化达到新高度。分众时代，定制生活如火如荼。定制经济的崛起给个性化，个体化和客户化带来了无限的可能。

分众时代人类品牌消费进入品牌分化阶段，一两个品牌占据一个行业绝大部分市场份额甚至“独占天下”的局面被打破，十几个、几十个甚至上百个品牌绚丽纷呈多姿多彩的场面开始出现。消费者看重品牌，但盲目追求品牌甚至对品牌顶礼膜拜的时代已经过去，品牌仅仅是消费者购买时考虑的诸多因素之一。

分众时代，对本性的张扬成为时代的特征。其实，人类个性化的凸显就是人的本性张扬的体现和结果。“分众现象”是以欲求的彰显性和个体志趣的集中化为基础。不同的时代有不同的时代符号。战争年代，英雄成为时代的符号，成为证明自己的载体。当人类进入经济过剩的消费时代，人们是靠消费来证明自己的，而在个性化凸显的分众时代，这种证明带有符号性。“小资”一族最有代表性，吃喝玩乐都要彰显小资与众不同的情趣格调。

分众时代，娱乐成为消费者消费的明显特征。毕竟，娱乐本来就是人的本性。如现在流行的网络歌曲，越白话、越恶搞则越流行。因为它道出了大家的心声，“开心就好”“快乐无极限”成了大家共同的追求。

3. 信息传播模式的变化

新媒体能够实现信息传播双方相当深度的交互沟通，即信息的传播不再会保持传统的单向传播模式，而是逐步演变成一种双向的信息需求和传播模式。在这种交互的双向传播模式下，信息源积极地向信息需求者展现自己的信息产品的同时，信息需求者也在积极主动地向信息源索要自己所需要的信息，并且还能将自己转化为信息源。

对营销传播来说，信息爆炸带来的直接后果是消费者有限的注意力被无数的新媒体所瓜分，传统的大众媒体受众数量下降，受众接触时间减少，特别是广告商寻找的核心消费者对大众媒介的忠诚度和依赖性严重降低。受众被网络媒体分流，同时户外、路牌、移动电视、手机短信等无数广告媒体散布在消费者生活行动的各个角落。消费者对强迫式的广告投放越来越反感，在新媒体环境下，人们对信息的需求将会呈现出两个特点：一是信息需求的个性化，人们不再满足固定的、面向群体的信息，而是按个人的需求来接受信息；二是主动地寻求所需要的信息，即人们对信息需求和接收不再是被动地接受，而是主动上网搜寻所需要的信息。企业借助媒体投放的“魔弹信息”被有经验的消费者一一避开。弹出式的网络广告被消费者用软件阻隔，报纸分类广告被消费者整叠丢掉，由于电视媒体对受众观看广告的强制性，消费者选择在网络上收看电视节目，传统媒体的广告收入大幅下降，广告经营思路也不断调整。

从信息源来说，如今的商家或者新媒体营销者也在积极利用新媒体平台进行信息传播。如在Web2.0平台的社会性网络媒体中，涌现出大量的商业博客论坛、专题或门户网站，凭借消费者之间的信息互动与内容贡献，以及在线的商家与消费者个体或群体互动，产生很好的沟通效果，改变了态度，改善了关系，促进交易发生。现在，消费者习惯在购买各种消费品如房产、婴幼产品，或餐饮、旅游度假、金融等服务之前，先上网搜寻有关信息作为消费决策的依据。这些数据表明，消费者排斥大众媒体上单方面灌输的广告信息，但在有需求的时候会主动向提供产品或服务的企业索要广告信息和营销咨询。

多媒体信息传播模式形成。与新媒体相比，传统媒体单调性非常明显。

电视台主要传播的是视频信息，电台主要传播的是音频信息，而报纸、杂志等主要传播的是文字信息，而新媒体的融合性、复合式平台将多媒体集成在一起，形成了多媒体信息网络上的统一。在这种多媒体的信息网络上，企业可以营造出一种琳琅满目的促销环境吸引客户。如游戏和软件厂商可以允许客户在网上试用（试玩）他们的产品；汽车厂商在手机上提供模拟驾车手机游戏等。这些都极大地调动了客户对产品的兴趣。

4. 营销理念的变化

与上个世纪相比，今天的市场有很大的不同，无论是竞争格局，还是消费者的思想和行为，都发生了很大的变化。而随着环境的变化，营销理念也随之发生了几次变化，经历了四种典型的营销理念，即：以满足市场需求为目标的4P理论、以追求顾客满意为目标的4C理论、以顾客价值最大化的4V理论、以建立顾客忠诚为目标的4R理论。

美国营销学学者麦卡锡教授在20世纪的60年代提出了著名的4P营销组合策略，即产品、价格、渠道和促销。4P理论主要是从供方出发来研究市场的需求及变化，如何在竞争中取胜。4P理论重视产品导向而非消费者导向，以满足市场需求为目标。然而随着环境的变化，这一理论逐渐显示出其弊端：一是营销活动着重企业内部，对营销过程中的外部不可控变量考虑较少，难以适应市场变化。二是随着产品、价格和促销等手段在企业间相互模仿，在实际运用中很难起到出奇制胜的作用。由于4P理论在变化的市场环境中出现了一定的弊端，于是，更加强调追求顾客满意的4C理论应运而生。

4C理论是由美国营销专家劳特朋教授在1990年提出的，它以消费者需求为导向，重新设定了市场营销组合的四个基本要素：即消费者、成本、便利和沟通。它强调企业首先应该把追求顾客满意放在第一位，其次是努力降低顾客的购买成本，然后要充分注意到顾客购买过程中的便利性，而不是从企业的角度来决定销售渠道策略，最后还应以消费者为中心实施有效的营销沟通。与产品导向的4P理论相比,4C理论有了很大的进步和发展,它重视顾客导向，以追求顾客满意为目标，这实际上是当今消费者在营销中越来越居主动地位的市场对企业的必然要求。

但从企业的实际应用和市场发展趋势看，4C理论依然存在不足。首先，4C理论以消费者为导向，着重寻找消费者需求，满足消费者需求，而市场经济还存在竞争导向，企业不仅要看到需求，而且还需要更多地注意到竞争对手。冷静分析自身在竞争中的优劣势并采取相应的策略，才能在激烈的市场竞争中站于不败之地。其次，在4C理论的引导下，企业往往失之于被动适应顾客的需求，往往令他们失去了自己的方向，为被动地满足消费者需求付出更大的成本，如何将消费者需求与企业长期获得利润结合起来是4C理论有待解决的问题。

4V理论是在20世纪80年代之后产生，主要是由于高技术产业迅速发展，新媒体也开始进入实业界，人们根据市场上的新营销变化，总结出新的营销组合要素，即为：差异化、功能化、附加价值和共鸣。它强调营销系统要将营销主体兼顾社会和消费者利益；要兼顾企业股东和员工利益，要培养和构建企业的核心竞争力，要在4V的要素上不断进行创新，产生各种独特性的技术、产品与服务，给顾客带来更多的消费者剩余和超值的效用。不仅要让顾客满意，还要让顾客更多的意外和惊奇，从而为顾客创造最大价值。

因此市场的发展及其对4P、4C和4V理论的回应，需要企业从更高层次建立与顾客之间的更有效的长期关系。于是出现了4R营销理论，不仅仅停留在满足市场需求和追求顾客满意，而是以建立顾客忠诚为最高目标，对4P和4C理论进行了进一步的发展与补充。

21世纪伊始，4R营销的作者艾略特·艾登伯格提出4R营销理论。4R理论以关系营销为核心，重在建立顾客忠诚。它阐述了四个全新的营销组合要素：关联、反应、关系和回报。4R理论强调企业与顾客在市场变化的动态中应建立长久互动的关系，以防止顾客流失，赢得长期而稳定的市场；其次，面对迅速变化的顾客需求，企业应学会倾听顾客的意见，及时寻找、发现和挖掘顾客的渴望与不满及其可能发生的演变，同时建立快速反应机制以对市场变化快速作出反应；企业与顾客之间应建立长期而稳定的朋友关系，从实现销售转变为实现对顾客的责任与承诺，以维持顾客再次购买和顾客忠诚；企业应追求市场回报，并将市场回报当作企业进一步发展和保持与市场建立关系的动力与源泉。

4R 营销理论的最大特点是以竞争为导向，在新的层次上概括了营销的新框架。该理论根据市场不断成熟和竞争日趋激烈的形势，着眼于企业与顾客互动与双赢，不仅积极地适应顾客的需求，而且主动地创造需求，通过关联、关系、反应等形式与客户形成独特的关系，把企业与客户联系在一起，形成竞争优势。

如今建立稳定的顾客关系和顾客忠诚的重要性已经为许多企业所认识。美国哈佛商业杂志 1991 年发表的一份研究报告指出，重复购买的顾客可以为公司带来 25%–85% 的利润，固定客户数每增长 5%，企业利润则增加 25%。建立顾客关系的方式有多种多样，就看各个商家如何大显神通。有些企业通过频繁营销计划来建立与顾客的长期关系，如香港汇丰银行、花旗银行通过其信用证设备与航空公司开发了“里程项目”计划，按累计的飞行里程达到一定标准之后，共同奖励那些经常乘坐飞机的顾客。有些企业通过建立稳定的顾客组织来发展顾客关系，如日本资生堂化妆品公司吸收了 1000 万名成员参加资生堂网上俱乐部，发放会员优惠卡以及定期发放美容时尚电子杂志等。

除了营销理念理论上的更新和变化，在市场实践操作上，也有些具体理念的变化。

（1）国内营销理念转向全球营销理念。随着市场国际化程度的进一步提高，世界统一市场逐步形成，企业面对的竞争对手也不仅仅是国内同行，还有具有丰富营销经验的跨国公司。许多实力雄厚的跨国公司早已把全球市场置于自己的营销范围内，以一种全球营销理念来指导公司的营销活动。企业应该树立全球营销观，将视野由全国扩大到全球范围内，这样，企业才能实现真正的“全球营销战略”。

（2）规模营销理念转向个性化营销理念。过去的规模营销方式即厂家以单一的产品或服务来满足众多消费者的需求，但目前这种无差异营销方式已不能满足消费者与日俱增的多目标、多层次需求的愿望，取而代之的是个性化营销，针对每个消费者与众不同的个性化需求来实现高度的顾客满意。企业要赢得市场，就必须根据个别消费者的具体需求，设计和生产个别种类、型号、规格和性能的产品以满足个别消费者，才能拥有市场。

（3）单向营销理念转向互动式营销理念。传统的市场营销是单向的，消费者完全处于被动的地位。新媒体提供了营销者和消费者互动交流的机会。企业和营销者可以充分利用新媒体互动性这一特点，推动互动市场营销，从而使营销者从产品构思、设计开始，直至生产、服务的全过程都体现以消费者为中心，使消费者也投入这一过程，这样，不仅符合消费者的需要，而且能最大限度地提高企业经济效益。

（4）商品营销理念转向文化营销理念。随着物质生活的丰裕，消费者日益注重商品与服务中蕴含的文化因素，同时要求商家与顾客之间在技术结构、知识结构、习惯结构上建立稳固的高层次战略性的营销关系，从而使顾客成为产品的忠实消费者。

二、消费者行为、习惯的变化

1. 个性化

个性是人的天性。随着生产力的不断发展、社会的进步、社会的多样性和复杂性的加强，人类自由的实现程度会不断提高，人的个性、生活方式、思想意识的差异更加深化。可以说，个性与差异是人类的本质特征，个性化是社会发展的趋势。

如今消费者的消费已不再是盲目地跟随潮流，而是向着个性化方向发展。消费者可以通过新媒体更快、更全面地了解某一商品的市场价格、性能、售后服务等方面的信息，对一些最新出现的个性化商品，他们可以通过网络等的便利条件，确定它们的消费行为，为自身的个性化消费找到决策的依据。个性化时代，谁都希望自己的东西是独一无二的。彩铃要个性化的，更可以自己创作，DIY 使个性化达到新高度。个性化时代，定制生活如火如荼。大众时代的大量生产、大范围销售、规格化产品被分众时代的小批量多频次生产，个性化制造与定制化生产、DIY、个性化产品所代替。许多商家也可以通过网络，更加广泛地传播产品的市场特性，为一些个性化消费品的市场宣传找到了更加快捷的传播方式。

2. 主动化

数字革命在提升消费者和企业的新购买能力，科特勒归纳出今天的消费者有以下不曾拥有的能力：购买力的大幅提高（购买者通过点击网站就能比较竞争者的价格和产品属性，可以只用几秒的时间在互联网得到想要的答案，甚至可以自己制定价格并主动寻找有意向的供应者）；商品和服务的更多种类（亚马逊的广告称自己为世界上最大的书店，拥有超过三百万册图书，没有一家实体性书店能与之相比，购买者不仅可以在互联网定购任何东西，而且可以实现在世界上任何一个地方定购）；关于现实世界的大量信息；更轻松的互动定购和接受订单；更多比较商品和服务的能力。

广告学著名的 AIDMA（Attention，Interest，Desire，Memory，Action）在新的信息传播模式下，被业内创造性地变为 AISAS（Attention，Interest，Search，Action，Share），还被作者创造性地总结为 AIPES（Attention，Interest，Platform，Experience，Share）。消费者不仅能够获得更广泛的信息，而且更具有行为的主动性，并通过网络扩大自身的影响力，企业更加需要重视每一个顾客以及和顾客接触点的每一个环节，因为这是一个信息无孔不入的社会。消费者对购买风险感随着对商品的选择增多而上升，而且对单向的“填鸭式”营销沟通感到厌倦和不信任。在许多日常生活用品的购买中，尤其一些大件耐用消费品（如家用计算机）的购买上，消费者会主动通过各种可能的途径获取与商品有关的信息并进行分析比较。如今出现的很多火爆的“比价网”，就是满足了消费者的此类心理需求。还有很多前期购买者会把自己的购买心得和策略发布在网上，供后来的购买者分享。这些分析也许不够充分和准确，个体消费者却可从中获取心理上的平衡，以减少购买后的后悔感，增加对于产品的信任和争取心理上的满足感。消费主动性的增强来源于现代社会不确定性的增加和人类追求心理稳定和平衡的欲望。

3. 理性化

新媒体所带来的信息传播方式的变化首先表现在传者和受者身份的模糊和趋同。自媒体让每个人都有了话语权，每个人都可以是信息的发送者，他们可以利用博客、电子杂志、即时通讯工具编辑、制作、发送各种信息。且一旦这种信息发送者的身份被认同，这种心态也就反映到对待大众媒体的信息报道上，他们不再满足只作“读者”或“观众”，他们可以对接收到的信息，进行再加工，并将个人意见最及时地通过各种渠道发送出去。在这样的新媒体环境和身份权利的转变下，消费者面对的选择和鉴别标准非常多。没有了嘈杂的环境和各种诱惑，还有别人购物的体验、经历作为参考。消费者完全理性地规范自己的消费行为。特别是在经济危机下，消费者会越来越频繁地使用网络。一方面，人们在购买投入较高的汽车、房产等商品以及和日常生活紧密相关的产品前，会花更多的时间在互联网上搜索该商品的信息和回馈。另一方面，在金融危机影响整个消费环境的时候，价格便宜、服务便捷的网络购物保持稳定高速的增长；个体消费者，不再会被那些先是高位定价，然后再优惠多少的价格游戏弄得晕头转向。他们可以“货比多家，团体购买”，精心挑选，那种因为信息来源和地理位置所限，不得已采取的“溢价”购物现象将不复存在。在新媒体环境下，一切的信息都变得开始公开透明。消费者可以充分利用各种定量化的分析模型的模型，更理智地进行决策。

4. 碎片化和群体化

数字化时代来临，“碎片化”成为人们的热门话题。媒体碎片化导致消费者获取信息方式发生了本质性改变，营销传播也出现了前所未有的变化。在一系列“媒介碎片化”“受众碎片化”“消费者碎片化”乃至“品牌碎片化”的概念中，我们可以看出这些变化的本质是由媒体技术的变革所引起，受众接受信息的方式从大众时代可以选择不同媒体，进而变成了可以直接选择想要的信息。“碎片化”一方面借助现代技术手段，实现受众精确定位，例如谷歌关键字广告，可以通过邮件的内容分析，展示消费者最想获得的信息；另一方面，消费者媒体行为的碎片化使得厂商选择媒介组合更为复杂，“用同一个声音说话”显示出更大的难度，同时，消费者生活方式及价值观的碎片化，使消费者更倾向于定制的、属于我自己的、独一无二的产品服务或者沟通。

在营销学、广告学把“碎片化”引入营销传播进行研究时，有人开始担心：当消费者碎片为无数个体，我们的营销信息似乎只能犹如石沉大海，没有回音。其实，当原来的一个中心极度弱化转变为多个中心，层出不穷的新信息沟通方式在打破原有群体形态同时，通过不同话题平台在虚拟空间意义上将分散在社会各个角落的消费者作为终端联结成信息网，个体又开始在虚拟空间上群体化，例如“团购”。受众的轮廓不仅没有模糊反而又越来越集中和清晰，只是这种群体化是随机重组而已。

新媒体时代的消费者，特别是年轻消费者，他们几乎完全生活在虚拟世界中，交友、分享信息或是通过各种网游和社区（如人人网、新浪微博等）相互连接在一起。给公司带来新的机会可以比传统大众媒体时代更加精准地覆盖到目标消费者。“分享给你的好友”“推荐给你的好友”是属于厂商向年轻一代消费者营销推销的新语言。网上社区、圈子的盛行，更是给两个或多个品牌一起合作，向他们相似的消费人群联合营销，提供了机会。“养狗的人相对比较外向，经常带狗散步，与其他养狗的人一起讨论”“猫的主人喜欢在家与宠物分享时间，如同猫的习性，不那么合群。而猫的主人又常常在网上和朋友交流着关于养猫的问题等”。商家根据你的目标消费对象是养狗的群体还是养猫的群体，就可以及时调整好策略，在碎片化的时代做一个精准化的营销。

三、新媒体营销的特点和优势

1. 营销效率的优化

现代化的生活节奏已使消费者用于接受传统媒体营销信息的时间越来越短。从受众一天的媒体接触习惯来看，传统媒体能够覆盖用户的时间，主要是晚上下班后至睡觉前，约 19：00–23：00。而对于上班族来说，从 7：00 起床到 22：00 睡觉，无论是互联网，移动互联网也好，移动媒体也好，贯穿着上班、下班、回家休息所有的时间点，以及所有的场合都会有条件去接触新媒体，因此新媒体相对于传统媒体达到传统媒体覆盖不到的一些灰色地带，从覆盖的交际上也会有很好的接触。

消费者在传统的购物活动中，其商品买卖过程一般需要经过看样—选择商品—确定所需购买的商品—付款结算—包装商品—取货（或送货）等一系列过程。这个买卖过程大多数是在售货地点完成，短则几分钟，长则数个小时，再加上为购买商品去购物场所的交通时间，无疑大大延长了商品的买卖过程，使消费者为购买商品在时间和精力上做出了很大的付出。电子商务、移动商务的出现在一定程度上满足了消费者的需求。网民在消费时，会首先浏览相关品类的一些门户网站，产生一些兴趣。需要重点了解的时候才会点击一些网站，进行一些聚焦，会进行信息搜索，搜索到目标产品会在一些垂直性的媒体，或者是电子商务网站进行信息的比较，或者是比价活动，最终来看一些其他的网民进行的使用评价，最后形成购买决策。通过网上购物，消费者便可“闭门家中坐，货从网上来”。

从商家来看，新媒体营销能为企业节省巨额的促销和流通费用，特别是网上广告比传统广告低廉，而且可以将广告直接转换为交易。网上发布信息代价有限，产品直接面向消费者推销，缩短分销环节；所发布信息谁都可以自主索取，极大拓宽了销售范围，从而降低成本节省促销费用，使产品更具有价格竞争力；受众准确，前来访问的大多是对此类产品感兴趣的客户，避免了无用信息的传递。

2. 个性化的精准营销

“分众”“精确”“个性”“交互”可以被定义为造成实效传播的“AAH优势”。所谓的AAH理论，即所谓的“分众”“精确”个性和“交互”，是新媒体能否进行有效传播的关键因素。很多时候，是否具有一种或几种优势的组合，成了新媒体传播是否具有实效的标志。可见个性化的精准营销之于新媒体营销的重要意义。“为一个客户群寻找一个产品”的营销运作，使消费者的个性化需求得到彻底的满足，体验“量身定做”的服务通过新媒体手段完全可以实现。新媒体营销系统可以通过构筑客户信息数据库，建立企业与每一个用户之间一致的界面。用户的每一次访问（包括通过点击网页、电话、现场咨询等）都被记录下来，用于分析客户的使用需求和访问习惯，以便于个性化地定制产品和网页，以此了解用户全面的需求和心理，进而有针对性地去提供令客户满意的产品和服务，同时提高客户的满意度。例如新媒体营销通过因特网可以获得关于产品概念和广告效果测试的反馈信息，也可以测试顾客的不同认知水平，从而更加容易地对消费者行为方式和偏好进行跟踪，为不同的消费者提供不同的商品，实现营销目标。

而精确，就是让目标受众看到合适的广告，这就相当于对症下药，因为无关的受众对于广告主而言没有价值，这一部分被浪费的花费越少越好；

传统媒体营销就是“广而告之”，没有目标受众或找不到目标受众。新媒体营销的“精确”用低成本带来传播的实效，可以让广告主的ROIC投资回报率）最大化。著名的精准营销平台“窄告”推出的“下划线广告2.0”，就第一次使得广告投放可以精准到关键词。通过内容分析技术与精准定位技术，可以自动地将广告地址与4000多家网站中的关键词链接起来，然后按照竞价进行顺序排列。

3. 高度的互动体验

互动或是交互，是Web2.0时代造就的新媒体最关键的特性，也是新媒体营销能够带给消费者最重要的体验。曾经的单向“点对面”的营销传播模式终于有条件转变为“点对点”的传播。传统营销时代，消费者与企业之间缺乏合适的沟通渠道或沟通成本太高。消费者一般只能针对现有产品提出建议或批评。此外大多数中小企业也缺乏足够的资本用于了解消费者各种潜在需求，他们只能凭自己能力或参考市场领导者的策略进行产品开发。而在网络环境下，这一状况将有所改观。即使是中小企业也可以通过电子布告栏、线上讨论、电子邮件和企业微博等方式，以极低的成本在营销过程中对消费者进行即时的信息搜索，消费者则有机会更加积极主动地表达自己的观点、传递自己的声音，即时自由地发表对于产品的建议、投诉或者反馈。如，婴儿尿布品牌“帮宝适”，通过网上妈妈社区“妈妈帮”，和更多的年轻妈妈进行有效的品牌沟通，了解她们的需求，并记录宝宝成长的点点滴滴，交流在育儿过程中的困惑，这种基于与消费者互动沟通的新媒体营销方式，对于“帮宝适”品牌的成功推广起到了巨大作用。

畅快地表达沟通是互动，对于产品而言，可以切身体验则是另一层次的互动，如最新款奔驰的虚拟驾驶，由于模拟了不同路况下的驾驶感觉，在15分钟的自由体验时间里，用户的投入超乎寻常。

4. 多元丰富的新媒体形式

新媒体营销对比与传统营销另一巨大优势就是依赖媒介形式的多样性，

以下试举数例，简单说明日益繁荣的多种媒体形式。

（1）网络与 IPTV：有资料统计，网络中的雅虎和 Google 的在线广告费总额已超过美国三大电视网 ABC、NBC、CBS 黄金时段广告费总和。因此，传统媒体面临巨大的挑战，广告主开始重新分配他们的广告投放预算。IPTV（Internet Protocol Television）即网络电视，是基于 IP 协议的电视广播服务。该业务将电视机或个人计算机作为显示终端，加上机顶盒，通过宽带网络向用户提供数字广播电视、视频服务、信息服务、互动社区、互动休闲娱乐、电子商务等宽带业务，中国已有几个省市开展服务。

（2）3G 手机与 IM：3G（3rdGeneration）是第三代数字通信。第三代手机与前两代的主要区别是在传输声音和数据速度上的提升，它能够处理图像、音乐、视频流等媒体形式，提供网页浏览、电话会议、电子商务等多种信息服务。IM 即实时通讯，目前在互联网上受欢迎的即时通讯软件有 QQ、MSN、NETM、ICQ 等。通常 IM 服务会在使用者通话清单上的某人连上 IM 时，发出讯息通知使用者，使用者便可据此与此人透过网络进行实时的 IM 通讯。

（3）Vlog 播客与 Blog：Vlog 播客可以在播客网上上传视频、相册、文章，拍卖自己的作品。很多视频同时还传播了有趣的广告信息，土豆网就是播客网站之一。BIog 即博客或网志，还有人称部落格，是一种有时间特性，随想随做的媒体形式。可通过评论等形式实现作者与读者的交流，拥有符合通用标准的内容摘要的网站内容管理系统（CMS）提供服务。博客可以把生活和工作融合到一起，在提升公司和工作业绩的同时，展示个性，沟通互动，其商业前景正在探索过程中。

（4）楼宇媒介：楼宇媒介包括霓虹广告、楼宇液晶广告、楼宇文字广告。楼宇广告是分众传媒最早创办的一种媒体，是安装在高档办公楼、宾馆、酒店、写字楼、大型商场等地方的一种类似于 VCD 之类的广告媒体，一般是在电梯口附近或其他人流量比较大的地方，循环播放拍摄好的广告片。广告目标人群相应地得到了细化、清晰化，并精确地加以覆盖，从而保证了广告投入的有效性。楼宇液晶电视能把目标人群锁定在“三高”（高学历、高收入、高消费）的白领族群；场所锁定为高档商务写字楼；细化到白领族每天必经的电梯旁，就连他们每天进出电梯的频次以及看电视的时数都得到了计算；而且选取最佳的导入时段。

（5）移动电视：公共汽车、出租车、列车、地铁的电视试图用液晶屏抓住公众无聊的等待时间。一种专门针对火车上旅行人群的“列车电视”也进入人们的视线。根据铁道部的统计 2010 年，中国的年乘客量在 20 亿人次左右，而预测到 2020 年这个数字将达到 40 亿。毋庸置疑，如此庞大的人群对广告商而言无疑是巨大的商机。这不仅仅是受众的数量，这个细分领域的其他特性也昭示着诱人的广告市场前景。相比于其他户外媒体，一方面列车上的旅客关注“列车电视”的时间显然要长几倍甚至上百倍；另一方面，列车在运行期间是处在一个相对封闭的空间里，乘客不能换台，这样就使“列车电视”的收视有一定的强制性。长收视时间和高到达率，无疑都是吸引广告的有利条件。

5. 营销效果可测、可控

目前，大多数的商家开始寻求网络等新媒体营销的支持，目的不仅仅是打造他们的品牌，而是带来直接的销售。而这些销售交易的转化，都是可测量、可控制的，这是新媒体营销相比“沉入大海”的传统营销又一重大优势。

比如在腾讯空间首页中，腾讯和一些知名企业合作建立了一个频道——“品牌空间”，其中包括“王老吉”“肯德基”在内的十多个品牌在 Qzone 里开了空间，他们成为 Qzone 的商户。在 QQ 空间里通过企业博客营销的好处就是在于其效果的可测。如果随便打开一个企业品牌的空间，如大众 Polo 的空间首页，很容易看到：今日访问人数 70 人，浏览量 384 次，历史访问 4.7 万，访问量 277 万，数据记录非常明晰；效果也是可控的。企业可以上传产品介绍，最热活动，企业资讯并设置展现企业文化的个性模板、上传企业视频——充分体现了企业差异化和个性化；企业组织各种活动，腾讯网将其推送到符合企业要求的用户，推荐他们参与——精准定位和差异化；QQ 用户在 Polo 的博客里可以参与活动和留言的方式与企业互动。

测量新媒体营销的效果，当前应用比较普遍的是三种，一是以任务量为导向，即以完成的传播任务量为考核标准；二是以效果目标为导向，即以客户预期的效果如有效浏览量、自然回复率、行业舆论占有率、搜索引擎呈现量等指标等为考核标准；三是以综合指标为导向，即结合以上考核标准及各类个性化、非量化传播目标为考核标准。建立类似于这样的一套统一而清晰的标准去衡量新媒体营销效果，那么商家投放在新媒体营销上的费用，也会大大促进新媒体营销行业的良性增长。

沃泰姆和芬威克 2008 年曾预言"新媒体将在未来数十年间对消费者及营销人员造成深远的影响。对消费者而言，新媒体将带来更多选择，同时也因选择过多而觉得混乱"。他们的预言已经成为事实。

第三节　新媒体营销应用

一、网络广告

在新的营销传播中，网站不仅塑造和传达品牌形象，而且是整个营销传播的基础，是企业品牌的原点。也就是说，企业所有的营销传播活动，起点是企业网站，最后又回归到企业网站。在传统的媒体环境中，为什么广告是最重要的，是因为企业利用媒体的时候，能够充分控制的传播形式只有一种：广告。对媒体的其他传播内容，企业只能尽可能地影响，而不能控制。所以广告成为传统营销传播中最重要的形式。新媒体的平台为企业提供了更多的可控制的传播形态，而网站是最突出的能够同社会各个层面沟通的一种形态。

企业希望传达的所有信息都可以全面地在网站上发布，企业的个性、形象也可以利用网站尽情地表现。而企业的其他传播当然要以网站为基础，同时通过这些传播扩大网站的影响，并吸引社会公众和消费者登录网站同企业有更多的接触。

二、搜索引擎营销

1. 搜索引擎营销含义

互联网上有太多的网站和信息，网民怎样才能找到自己想了解的内容？答案是：用搜索引擎。搜索引擎是互联网的基础服务之一，也是网站推广的基本途径之一，如果能够被比较知名的搜索引擎收录，就会被查询相关信息的网民发现，从而被访问。

搜索引擎营销，是英文 Search Engine Marketing 的翻译，简称为 SEM。简单来说，搜索引擎营销就是基于搜索引擎平台的网络营销，利用人们对搜索引擎的依赖和使用习惯，在人们检索信息的时候尽可能将营销信息传递给目标客户。搜索引擎营销追求最高的性价比，以最小的投入，获最大的来自搜索引擎的访问量，并产生商业价值。

关于搜索引擎营销，有一种普遍的看法，认为搜索引擎广告就等同于搜索引擎营销。实际上，广告活动仅仅是营销过程的一个组成部分。营销包括了品牌、销售、客户服务、分销、商展、广告等多种手段。因此，当你选择一家搜索引擎营销公司时，确信他们提供的是多种服务而不只是广告本身。

2. 搜索引擎营销的分类和特性

（1）搜索引擎结果登录。搜索引擎结果登录，是指缴纳一定的费用，然后被收录，目前新浪、搜狐等均提供这类服务，它通常包括两种类型的收录，一种是普通型登录，仅保证收录你的网站，不保证排名和位置，也就是说，你交了钱，它把你的网站放在它的数据库中，但同时在数据库中的还有成千上万的其他网站，当网民搜索的时候，你的网站会出现在后面，如果网民有耐心一家一家看下来，就会访回到你的网站。显然，这种收录的推广效果不能保证，当然收费也会便宜些，现在的行价是 300 元 / 年。

（2）搜索引擎竞价排名。搜索引擎竞价排名是近几年风靡世界的网络推广服务，它以“提升企业销售额”为直接目标，具有覆盖面广、针对性强、操作灵活、投资回报高等特点。因为搜索竞价排名有众多其他类型服务不可替代的优势，从而逐渐成为网络推广的主流产品。

竞价排名与搜索引擎收费登录有类似的地方，但本质上很不一样。说它们类似，是因为它们都借助搜索引擎这个平台来进行推广，说本质不同，是因为竞价排名不是按照排名的时间长短收费，而是按照为客户网站带去的实际访问量收费。

如果你希望排名靠前，那就要选择“推广型登录”，在推广型登录中，你的网站保证排在搜索结果第一页，从而被别人看到和访问的几率大大增加。这种服务一般要 2500 元 / 年。“推广型登录”刚推出的时候，确实是一种优秀的网络推广服务，花费不多，效果明显，但是随着时间的推移，它的效果越来越差。为什么呢？因为提供这种服务的搜索引擎，保证把你的网站排在搜索结果第一页，但没有限定一页会放多少家网站。于是，参加服务的网站越多，第一页的就越多。为了解决排名问题，这些搜索引擎想出了一个“滚动排队”的方法，即所有排在第一页的网站，进行滚动，今天你排第一，明天就是第二，后天第三……不断往后排，直到排到最后一名，然后再过一天，又变成第一，循环往复。

搜索引擎结果登录花费不多，是一种适合中小企业的网络推广形式，主要是利用“点击”。“点击”是网络中的一个独特概念，如果网民注意到某个广告内容，并对它感兴趣，就会点击进入广告客户的网站（譬如投放广告的企业网站），进一步了解相关产品和服务，记录下一个广告被点击次数的多少，也就能精确统计出它的效果。竞价排名的收费方式，正是记录下有效点击的次数，并以此为收费依据，因此，它是一种真正按照效果收费的网络推广服务。但由于服务模式的缺陷，它的效果不稳定，并不是最佳选择。

三、网络社区营销

1. 网络社区营销的含义

社区营销的兴起，反映的是人群聚集空间场所的变迁。只要有人群聚集的地方，必然就有营销的价值，由于社区集聚了大量的客户群体，社区是用户消费业余时间的新媒体空间。

论坛和聊天室是网络社区中最主要的两种表现形式，在网络营销中有着独到的应用。网络社区营销是网络营销主要营销手段之一，社区就是把具有共同兴趣的访问者集中到一个虚拟空间，达到成员相互沟通的目的，从而达到营销商品的效果。网络社区是网站所提供的虚拟频道，让网民产生互动、情感维系及资讯分享。从网站经营者的角度来看，网络社区经营成功，不仅可以带来稳定及更多的流量，增加广告收入，注册会员更能借此拥有独立的资讯存放与讨论空间，会员多，人气旺，还给社区营销造就了良好的场所。一个优秀的网络社区的功能包括电子公告牌（BBS）、电子邮件、聊天室、讨论组、回复即时通知和博客的功能。网络社区主要包括综合性的社区和专业性的社区，专业性的社区分为自己建设网络社区和通过其他网站的专业社区。如新浪网上社区内容囊括了社会生活的方方面面。网络社区营销比较明显的，还是像阿里巴巴那样的为广大商人服务的专业性社区，因为其定位比较明确，会员多，且会员的结构比较具有购买能力，商品信息受众的反应率比较高。

2. 网络社区营销的特性

（1）跟其他媒体和其他营销平台相比，社区用户更具有主动性和参与性，沟通深度和在线的黏度更好。所以可建立长期的深度沟通联系，也更具有可信度。在社区里，往往集聚了一批有相同兴趣爱好的用户，用户在社区里交流各种感受、看法、交朋友，形成非正式的社区圈子。在社区里，用户碰到问题会发帖咨询，或者通过浏览帖子解决问题，用户对产品的点评信息大多是从用户使用感受出发，容易赢取用户的信任。

（2）社区传播的速度快，受众大。一旦用户觉得可传播的内容有意思，很快就会在社区内传播开来，并且很快扩展到其他社区，这也就是所谓的病毒营销。在病毒营销产生的过程中，社区担负了重要的角色。社区可成为制造出病毒营销效果的关键平台。

（3）社区营销的客户具有分众性，符合市场细分理论，只要找到感兴趣的目标用户，广告随目可及，交易也可随时进行。

（4）社区用户的接受性、自愿性，体验性，这是对广告主和用户是双赢的事情。如果用户反感，营销还不如不做。如果用户喜欢，用户自愿帮助你做传播。

（5）社区也是商家经常出没的数字商场，广告主比较了解社区的特性，可方便及时地投放广告，所以主动性强。

（6）社区广告效果容易监测，特别是有的社区不仅做广告和促销，而且还可以在社区内进行网上交易。

3. 社区营销的模式

（1）社区点评营销模式。点评类的网站很多人认为是比较成功的模式，可以认为是很巧妙的代理销售平台。从传统的 B2C 网站或者 C2C 网站，比如亚马逊、豆瓣网、当当网还有淘宝网，都是用户直接去网站上购买物品，先让用户点评书籍、电影或者音乐，通过共同爱好和兴趣，用户交友，形成了隐形的圈子，基于真正社区关系的口碑相传，影响了其他用户的购买选择并促进消费。而当用户受社区用户影响试图购买该书时，用户很方便地有了购买的渠道，而且还可以进行价格比较，用户的购买行为就很容易发生。但是，对于广告主而言，要影响用户的决定或者影响用户对产品品牌的认知方面则显得力量不足。

（2）社区主动性营销模式。真正的营销应该是主动性营销，引导用户对产品产生先入为主的印象或者让更多人知道并认同产品。从社区网站主的角度看，只有为广告主带来营销的价值，才能称之为真正的社区营销。

（3）活动性营销模式。这其实是把传统的营销手段搬到了社区平台。所以，需要前期的策划，需要好的创意，并且难以大规模复制。在社区里搞有创意的活动，是非常好的社区营销方式，特别针对垂直性社区的主题活动，容易发动社区群众的力量。这也是社区营销最大的优势之一。如果是简单的分众广告发布，谷歌关键词广告就可实现。但是它无法进行深度的营销。而基于社区平台的活动营销可以实现深度的沟通营销。比如起亚汽车在快乐米音乐网搞征集“I 世代”个性彩铃活动，通过征集彩铃的活动，吸引社区用户的主动参与。

（4）社区个人空间营销模式。个人空间是指对用户个人开放的小空间，容易让用户有亲近感。如品牌小空间有品牌产品的精美照片、品牌活动、专卖店信息等，用户可以评论、留言。这样，品牌具备了社区品牌信息发布和互动的功能，可进行长期沟通，有利于提高用户产品附着黏度。由于品牌小空间很明确，感兴趣的用户浏览品牌小空间就是为了获取相关信息，而且由于品牌小空间做得很精美，也提供娱乐和享受的过程，不会让用户反感，所以，这些广告不会影响用户的社区体验。从效果监测来看，可对访问人数和评论进行监测。不过，这样的小空间有时由于不能很好地融入进社区深处，因为它不是作为用户的爱好圈子而存在，所以，作为社区营销的模式来看，不足也是很明显的。

（5）其他探索中的模式。如个人空间模板广告模式、利益共享的模式、用户定制品牌广告的模式等。这些模式有了许多应用：如用户可以选用制作精美的广告作为个人空间背景，根据用户空间的访问人数进行计费，网站与用户进行利益分享假设。用可口可乐广告模板做个人空间的背景，由于背景非常精美，访问用户也不会反感，而个人空间的主人也有动力去做好空间内容，并吸引社区的其他人访问，增加广告的浏览。再如就是用户定制广告的模式，用户本身对某些品牌的最新信息感兴趣，自己选择定制品牌信息，社区定期向该类社区用户发送品牌信息，而这些信息定制者，还会把品牌信息传递给社区或生活中的朋友。诸如此类的社区营销模式都是探索中的营销模式，目前还没有特别好的案例。

4. 网络社区营销的保护

由于社区人群众多，交际又广，所以，社区中的恶性营销、暴力营销等负面事件被频频曝光，勒索营销和暴力营销肆虐，社区营销的真实性、公平性、客观性一再遭到社会公众质疑。目前，有些网络社区营销急功近利，为了牟取利益不择手段，例如，网络社区与企业合作，发布海量垃圾广告，或者利用“伪口碑”方式误导、欺骗用户，完全不顾及用户的体验和感受，对社区用户造成了很大的伤害。更有甚者，为了商业利益丧失了基本的职业操守，夸大甚至捏造竞争对手的负面信息，利用网友的善良与热情，通过社区广泛传播，以达到打击竞争对手的商业目的。如此作假、作恶、掠夺性的恶性营销，无视营销的道德底线，以民意之名操控网络口碑营销，破坏了正常的社区生态。

为了顺应社区营销新的发展趋势，许多社区把生态营销作为营销战略的核心，从媒体价值、口碑传播、社区商务、技术创新4个方面规划营销体系，使营销架构更加清晰、更加合理，对商业客户服务的针对性也更强、更深入。在生态营销的体系架构上，社区要完善用户服务与客户服务体系，同时以开放平台为基础，纳入原有的社区联盟和媒体联盟，通过更广泛的垂直社区合作提升各个社区用户的品质，与媒体建立更直接、更有效的传播机制与传播渠道，通过社区管理机制与有效的技术手段打击恶性营销行为，使营销效果最大化。

第四节　新媒体整合营销

新媒体逐渐成为企业整合营销中的重要组成部分。整合营销传播，兴起于商品经济最发达的美国，是一种实战性极强的操作性理论。它的内涵是：以消费者为核心重组企业行为和市场行为，综合协调地使用各种形式的传播方式，以统一的目标和统一的传播形象，传递一致的产品信息，实现与消费者的双向沟通，迅速树立产品品牌在消费者心目中的地位，建立品牌与消费者长期密切的关系，更有效地达到广告传播和产品营销的目的。整合营销传播的核心和出发点是消费者，企业营销的一切工作都要围绕着消费者进行，企业必须借助信息社会的一切手段了解何种层面的消费者在使用自己的产品，建立完整的消费者资料库（用户档案），从而建立和消费者之间的牢固关系，使品牌忠诚成为可能。运用各种传播手段时，必须传播一致的品牌形象。三星、宝洁等国际品牌，正逐渐减少对电视广告的投放，对互联网、手机等新媒体的投放将增加。

新媒体环境还尚未成熟，所以，新媒体时代的营销传播也处在萌芽阶段。但无论如何，转型已经开始并正在加速。无论是企业还是营销传播服务业都必须正视这种转型，并加以调整。新媒体不是传统媒体的延伸，新的营销传播也不是传统营销传播平移到新媒体平台。

新媒体时代的营销传播必须依托新的传播平台。新的传播平台是指由数字技术的发展所形成的新的企业与社会和消费者沟通的传播结构。这种结构不同于传统的传播环境。如果进行一种硬性的区隔，至少有三个层面：

公众传播、精准营销以及口碑营销。而这些层面又通过互动贯穿起来，形成纵横交织的脉络。公众传播主要是指现有的各种传统营销传播模式。这些营销传播模式当然会继续存在，并且在新媒体平台上延续和有所创新。但不同的是目前的这种营销传播模式将不再是唯一的，而必须要同其他沟通手段进行组合才能产生传播效果。

新媒体最适合做整合营销传播。其实对于客户来讲，并不是简单要求把电视预算挪到互联网就万事大吉，而是要从品牌传播的角度出发，找到最佳的营销方式。

很多情况都是为网络营销而营销，表面上，企业很关注新媒体的应用，但实际上效果很不理想。找专业的团队才能做专业的事情，企业进行网络营销首先是要精准定位，制定全面的营销战略。一叶障目，缺少大局观，是很多企业的通病，为了使用新媒体而使用，今天做博客大赛，明天搞视频游戏，最终难以形成合力，效果寥寥。其次是要构筑核心传播理念，打造新媒体传播的有效内容。徒有平台，内容空洞，一样不能取得好的效果。再次是要充分互动，启发传播对象群体的潜力。如果策划者走不出传统传播的误区，就会使新媒体传播沦为简单的在线信息发布，从而失去意义。新媒体的特点正在于它消解了传统媒体之间的边界，消解了信息发送者与接收者之间的边界。最后是形式多样、传播分层次，有轻重缓急，循序渐进。

传播渠道整合的精髓就在于优化组合策略，多种渠道一个声音，尽可能降低信息变异，实现信息传播效果的最大化。当我们把消费空间作为营销传播组合之一，其作为渠道所传达的信息同样要和原有的传播工具协同合作从而达到最优效果。作为建筑形态的实体消费空间，它是其他渠道信息传递的补充，是一个消费行为的终点，也是一个消费行为的起点。

作为网络平台上虚拟的消费空间，我们发现它往往与其他传播工具混合而用，它既是消费者购物的终端，又是广告、促销、直接营销的发生地。

它天生具备了信息渠道的整合能力，并成为整合其他渠道的工具。

2005年，菲利浦·科特勒在《营销管理》一书中，提出“全面营销”的理念。全面营销理论认为，营销应贯穿于事情的各个方面，并且要有广阔的、统一的视野。它将内部营销、整合营销、社会责任营销和关系营销的思想统合在一起。内部营销强调了在企业内部对员工特别是各个部门的高层管理人员树立营销观念，鼓励其他部门能站在顾客的角度来看待自己的工作，更加理解营销部门的任务。整合营销继续强化营销活动目标的一致性和连续性，整合各种工具和营销计划，传播和传递价值并扩大影响。关系营销被科特勒无缝连接到自己的营销理论内，协调客户、股东、合作伙伴和员工的一致利益和目标，通过提高客户忠诚和其他伙伴的合作忠诚来降低交易成本，内化关系，共担风险。社会责任营销则是将公共利益延伸为客户长期利益的一部分，企业只有满足了客户的利益，才能满足自己的利益。

伴随着市场竞争进一步加剧，产品营销正进入“微利”时代。消费者在购物选择中更加倚重自己的偏好需求，加深了市场细分，每个区隔的空间越来越小，产品的生产规模达不到最优的边际数量，生产成本上升，“微利”演进观念营销时代已经到来。“微利”的压力要求企业不能再浪费大笔的营销费用，“精准营销”的观念深入人心。科特勒在中国营销界的欢迎晚宴上抛出“精准营销”的定义：企业需要更精准、可衡量和高投资回报的营销沟通，需要制定更注重结果和行动的营销传播计划，还有越来越注重对直接销售沟通的投资。也就是说，企业要精确地知道自己的利润是哪一部分消费者创造的，为争取他们的购买需要在营销费用上支付多少成本，每个营销活动的所指目标群体和产生的效益都要被系统评估，优化降低成本。

正因如此，舒尔茨在修正整合营销传播理论时加重了对营销活动投资回报率的评估。他提出“财务整合以及战略整合”，即通过信息技术，促使客户信息融于公司的战略计划之中，改革财务信息基础设施以鼓励客户投资回报措施能力的闭环规划。

近年来，在经过了大浪淘沙般的冲击后，新媒体在积聚了足够人气和用户后，一些具备创新意识的企业已经开始利用以网络杂志和博客为代表的新媒体渠道进行营销方面的推广和宣传，而这些新媒体在营销方面也显示出比其他媒体更具传播效应的优势。新媒体营销，在企业应用中开始初露锋芒。与传统媒体营销收入的不景气相对的是以网络为代表的新媒体营销发展的朝气蓬勃。

参考文献

[1] 新榜 . 新榜样：新媒体运营实战指南 [M]. 北京：电子工业出版社，2016.

[2] 刘小华 . 互联网 + 新媒体：全方位解读新媒体运营模式 [M]. 北京：中国经济出版社，2016.

[3] 杨嫚 . 新媒体内容生产与编辑 [M]. 重庆：西南师范大学出版社，2016.

[4] 傅亦轩，冀彦伟，陈亮副 . 新媒体节目内容创作与版权保护 [M]. 北京：中国广播电视出版社，2011.

[5] 靳岩 . 全媒体时代地方新媒体的运营策略研究 [J]. 卫星电视与宽带多媒体，2022（015）：000.

[6] 卢雅君石力文 . 社群运营助力新媒体活动策略研究 [J]. 新闻前哨，2022（17）：20–21.

[7] 薛瑞曾庆香 . 产品的新媒体运营：模式与评价指标 [J]. 宁夏师范学院学报，2022，43（9）：108–112.

[8] 苏艳 . 高职院校新媒体运营专才协同育人实施方略探究 [J]. 新闻研究导刊，2023，14（2）：93–95.

[9] 丁洁 . 新媒体背景下高职院校微信公众号运营推广研究 [J]. 中国管理信息化，2022（012）：025.

[10] 刘贵丽 . 人工智能在超高清新媒体内容生产和运营的落地 [J]. 广播电视信息，2023，30（1）：39–39.

[11] 宋玉龙 . 刍议新媒体内容运营的核心要素 [J]. 商情，2023（8）：45–48.

[12] 钟叶苗 . 广播电视新闻学在新媒体运营方向的发展研究 [J]. 新闻文化建设，2023（1）：193–195.

[13] 刘逸彤 . 新媒体产业运营发展模式比较研究 [J]. 新闻文化建设，2022（17）：15–17.

[14] 王晓辉 . 新媒体环境下广播电视媒体运营研究 [J]. 传播力研究，2022，6（20）：139–141.

[15] 白光 . 对科技期刊新媒体运营的反思与建议 [J]. 编辑学报，2022，34（6）：5.

[16] 刘德昌 . 对新媒体时代短视频运营策略的探讨 [J]. 新疆新闻出版广电，2022（5）：67–69.

[17] 严安然 . 政务新媒体短视频运营策略研究 [J]. 传播力研究，2022，6（28）：127–129.

[18] 刘旭红，陆明生，石亚楠 . 科技期刊新媒体内容运营的精细化策略探析 [J]. 新闻研究导刊，2023，14（1）：57–59.

[19] 曲家谊，冯新惠，杨丽娟 . 基层政务新媒体的优化运营探究 [J]. 新闻研究导刊，2022，13（5）：112–114.

[20] 张馥郁 . 基于岗位需求的新媒体运营课程建设研究 [J]. 新闻传播，2022（15）：91–93.

[21] 王鸣捷 . 智慧融媒体内容运营的创新——以中央电视台奥运报道为例 [J]. 现代传播：中国传媒大学学报，2022，44（11）：153–158.

[22] 胡香玲，张俊 . 新媒体运营中内容运营的核心要素探讨 [J]. 卫星电视与宽带多媒体，2022（1）：207–208.

[23] 陈文琦 . 财经新媒体内容生产的专业坚守和大众化创新研究 [J]. 新闻研究导刊，2022，13（2）：5.

[24] 何小梅，肖刚 . 主流媒体参与政务新媒体运营的“破圈”之举——以成都商报 " 成都发布政务融媒体中心 " 为例 [J]. 青年记者，2023（1）：40–42.